WAS IST WAS
MINERALIEN UND GESTEINE
Funkelnde Schätze
TESSLOFF
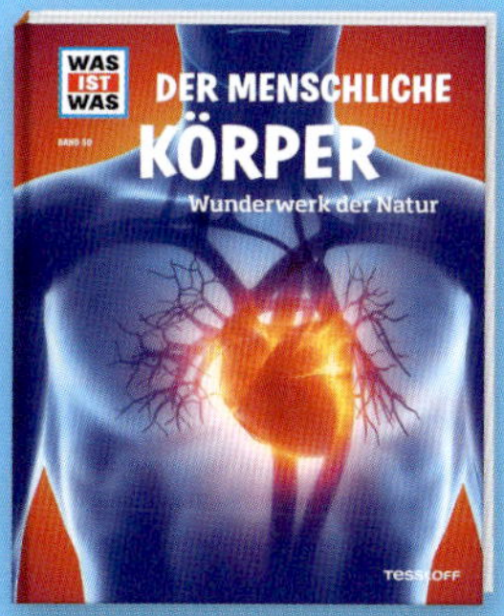
WAS IST WAS
DER MENSCHLICHE KÖRPER
Wunderwerk der Natur
TESSLOFF

WAS IST WAS
AUTOS
PS, Hybrid und Turbostars
TESSLOFF

WAS IST WAS
EISENBAHN

WAS IST WAS
DAS ALTE ROM

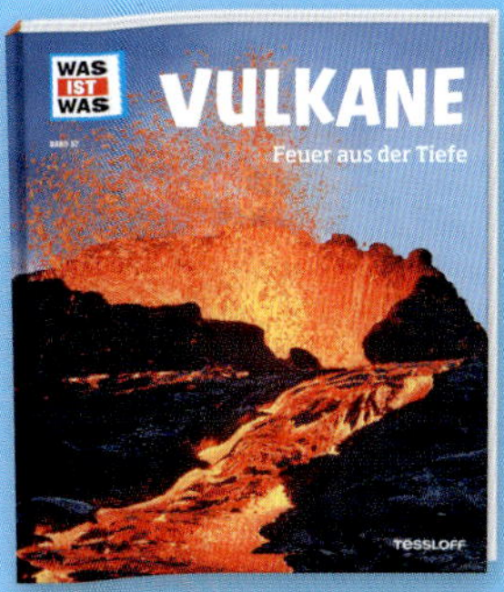
WAS IST WAS
VULKANE
Feuer aus der Tiefe
TESSLOFF

WAS IST WAS
WIKINGER
TESSLOFF

WAS IST WAS
KATZEN
Flinke Jäger auf Samtpfoten
TESSLOFF

WAS IST WAS
DIE ALTEN GRIECHEN
Götter, Helden, Dichter
TESSLOFF

WAS IST WAS
NATUR
Erforschen und schützen
TESSLOFF

WAS IST WAS
FOSSILIEN
Spuren des Lebens
TESSLOFF

WAS IST WAS
DAS ALTE ÄGYPTEN
Goldenes Reich am Nil
TESSLOFF

WAS IST WAS
PIRATEN
Schrecken der Meere
TESSLOFF

WAS IST WAS
HAUSTIERE
Unsere liebsten Freunde
TESSLOFF

WAS IST WAS
SPINNEN
Jäger am seidenen Faden
TESSLOFF

WAS IST WAS
NATURGEWALTEN
Unberechenbar und mächtig
TESSLOFF

WAS IST WAS
GELD
Vom Tauschhandel zum Bitcoin
TESSLOFF

WAS IST WAS
DIE SIEBEN WELTWUNDER
Schätze der Antike
TESSLOFF

WAS IST WAS
WALE UND DELFINE
Die sanften Riesen
TESSLOFF

WAS IST WAS
ELEFANTEN
Die grauen Riesen
TESSLOFF

WAS IST WAS
RITTER
Burgen, Turniere, edle Frauen
TESSLOFF

WAS IST WAS
REGENWALD
Grüner Schatz der Erde
TESSLOFF

WAS IST WAS
HAIE
Im Reich der schnellen Jäger
TESSLOFF

WAS IST WAS
KRIMINALISTIK
Dem Täter auf der Spur
TESSLOFF

WAS IST WAS
UNIVERSUM
Geheimnisse des Weltalls
TESSLOFF

WAS IST WAS

Andrea Schaller

GELD

Vom Tauschhandel zum Bitcoin

TESSLOFF

Hier siehst du, wo du bist!

Wo ist was?

Seite 11

Die ersten Münzen der Welt stammen aus Lydien. Erfahre, wie man darauf kam, sie zu prägen.

4 Was ist Geld?

Seite 8

Die Kaurischnecke war lange als Zahlungsmittel in Gebrauch.

Seite 12

Konzentriert überprüft der Geldwechsler das Gewicht der Münzen. Auch jeder Kaufmann besaß früher eine Münzwaage.

Von Eulen, Eroberern und Münzen: die Antike und ihr Geld

14 Seite

14 Geldgeschichte

Seite 25

Schwein haben bedeutet Glück haben. Eine gefüllte Spardose auch! Doch wie sparte man im Mittelalter?

26 Geld und Handel im Wandel

Seite 29

Große Kaufmannsfamilien wie die Augsburger Fugger beherrschten die Bankgeschäfte in Europa. Bei ihnen liehen sich sogar die Herrscher Geld.

Seite 33

Komm mit an die Börse! Hier werden Aktien gehandelt. Heute geschieht das am Computer.

36 Geld der Moderne

Die mit ▶ markierten Seiten könnten dich besonders interessieren!

Seite 37

Womit bezahlt man in Australien? Und wie heißt das russische Geld? Lerne andere Währungen kennen!

Seite 42

Die Europäische Zentralbank in Frankfurt am Main sorgt dafür, dass der Euro in allen Mitgliedstaaten stabil bleibt.

Seite 47

Die erste digitale Währung: der Bitcoin

Hier findest du die wichtigsten Begriffe kurz erklärt.

Frisches Geld aus Leipzig:
zu Besuch bei Giesecke & Devrient

Drucksaal

Beim Banknotendruck muss alles stimmen. Immer wieder wird kontrolliert und geprüft.

Diese großen Bögen müssen noch geschnitten werden.

Fertig gedruckt, geschnitten und geprüft: Am Schluss werden die Geldscheine zu solchen Päckchen gepackt.

Plattencode

Er informiert über die Druckerei und die Druckplatte. Dieser Schein kommt aus Belgien. G&Ds neue 50-Euro-Scheine tragen den Buchstaben W.

Leipzig, Innenstadt: Zwischen Gewandhaus und Grassimuseum befindet sich ein Industriegebäude mit beige-grauem Anstrich, fünf Stockwerke hoch. Die Fenster im Erdgeschoss sind vergittert. Auf einem schlichten Schild steht: »G&D Giesecke & Devrient, Wertpapierdruckerei Leipzig«. Einfach hineingehen und sich umsehen? Unmöglich! Hier gilt die höchste Sicherheitsstufe! Alles ist perfekt bewacht und gesichert. Wer in dieser Druckerei arbeitet, unterliegt einer strengen Geheimhaltungspflicht. Denn hier wird eine wertvolle Ware hergestellt: Geldscheine!

Massenhaft Euroscheine

Knapp 17 Milliarden Euroscheine sind derzeit im Umlauf. Gedruckt werden die Banknoten von 16 Druckereien in ganz Europa. Einen Teil stellt Giesecke & Devrient her. Am Leipziger Standort werden seit 2016 auch die neuen 50-Euro-Scheine gedruckt. Münzen entstehen hier allerdings nicht: Die lässt jedes Euroland in eigenen Münzstätten prägen.

Was Scheine aushalten müssen

Geldscheine werden in die Tasche gestopft, geknittert und eingerissen. Sie fallen in den Schmutz, werden von Limonade übergossen oder aus Versehen in der Waschmaschine gewaschen. Trotzdem sollen sie weiterhin erkennbar und benutzbar sein. Kein Wunder also, dass Papiergeld kein langes Leben hat: In Deutschland hält ein Geldschein etwa ein bis fünf Jahre durch; dann muss er ausgetauscht werden. Vor allem die häufig benutzten 5- und 10-Euro-Scheine werden schnell unbrauchbar. Die größeren Scheine bleiben deutlich länger im Umlauf. Ist ein Geldschein nicht mehr nutzbar, wird er aus

Funny Fact

Knittermaschine

Um zu testen, ob ein neuer Geldschein wirklich lange haltbar ist, haben Wissenschaftler eigene Maschinen entwickelt – etwa ein Gerät zum Verschmutzen oder eines zum Knittern. Hätte es für diesen Job denn keine Freiwilligen gegeben?

Ein schöner Stapel Euroscheine, noch aus der ersten Euroserie

dem Verkehr gezogen und geschreddert. Es muss also ständig neues Papiergeld nachgedruckt werden: In jedem Jahr sind das etwa 150 Milliarden Scheine weltweit. Eine schier unglaubliche Zahl!

Warum Giesecke & Devrient?

Auch die Europäische Zentralbank muss ständig neues Geld drucken lassen. Dafür macht sie eine Ausschreibung: Druckereien aus ganz Europa dürfen sich dafür bewerben, einen bestimmten Geldschein herzustellen. Dafür muss man hohe Anforderungen an Qualität und Sicherheit erfüllen. Man braucht nicht nur zuverlässiges Personal, gutes Material, haltbare Farben und modernste Druckmaschinen: Papiergeld muss immer raffiniertere Elemente enthalten, die vor Fälschung schützen, sogenannte Sicherheitsmerkmale. Die müssen sowohl von Menschen als auch von Maschinen erkennbar sein. All dies hat Giesecke & Devrient zu bieten.
Schon 1975 stellte die Druckerei die weltweit erste Banknote her, die von Maschinen lesbar war: eine wichtige Voraussetzung für das Bezahlen mit Papiergeld an Automaten, für das Funktionieren von Geldautomaten und für die maschinelle Zählung von Geld.

Eigenes Papier und Substrat

Um höchste Qualität bei Substrat und Sicherheitsmerkmalen gewährleisten zu können, betreibt G&D zwei eigene Papierfabriken: Louisenthal am Tegernsee und Königstein bei Dresden. 2010 wurde ein neues Material für Geldscheine entwickelt: Das sogenannte Hybrid-Substrat besteht aus einem inneren Baumwollkern, der mit einer Oberfläche aus Polyester überzogen ist. Inzwischen werden viele Geldscheine aus diesem Substrat gefertigt, das sich anfühlt wie Papier, aber deutlich haltbarer ist.

Alles neu

In Leipzig entstand 2016 eine neue Produktionshalle mit hochmodernen Maschinen. Hier werden nicht nur 50-Euro-Scheine gedruckt, sondern auch Geld für andere Länder und Briefmarken. Damit sich der enorme Aufwand lohnt, muss auch viel produziert werden. Wie viel Geld genau in Leipzig entsteht, ist streng geheim. Mehrere Hundert Millionen Banknoten im Jahr sollen es aber schon sein!

Schon gewusst?

Mehrere Milliarden Euroscheine werden jedes Jahr gedruckt. Ein Teil davon wird in Deutschland hergestellt – entweder von G&D in Leipzig oder von der staatlichen Bundesdruckerei in Berlin.

Von ihrer Gründung im Jahr 1852 an war die Firma Giesecke & Devrient auf den Druck von Banknoten spezialisiert. Sie lieferte Papiergeld für Banken in Deutschland, in der Schweiz und in Schweden, später auch nach Peru, Ostafrika, China und in die heutige Türkei.

Bei G&D werden auch Briefmarken hergestellt. Diese hier sind allerdings nur Probeexemplare.

Die Erfindung des Geldes

Tauschhandel

Stein gegen Schwein: Wenn der andere genau die Ware anbietet, die man braucht, ist der Tausch perfekt.

Obsidian

Dieses vulkanische Gestein war seit der Steinzeit ein begehrtes Tauschmittel, da es gut für Werkzeuge geeignet war.

Wampumgürtel

Mehrere nordamerikanische Indianerstämme benutzten Wampumgürtel als Tauschmittel. Die aus aufgefädelten Schwertmuscheln geflochtenen Gürtel wurden bei religiösen Zeremonien getragen. Auch Verträge wurden durch die Übergabe von Wampums bekräftigt.

Auch das Geld musste erst einmal erfunden werden. Zuvor waren die Menschen Tausende von Jahren ohne Geld ausgekommen – oder vielmehr ohne Münzen und Scheine. Für uns heute unvorstellbar! Ohne Geld wäre das Leben ganz schön kompliziert. Man könnte sich nicht einmal ein Brötchen oder ein Eis kaufen oder die Straßenbahn benutzen.

Was Geld eigentlich ist

Doch was ist Geld überhaupt? Knapp gesagt, lässt sich das in diesen drei Punkten zusammenfassen:

1 Geld ist auch heute noch vor allem ein Tauschmittel: Man gibt es hin und bekommt dafür etwas anderes. Das kann etwas zu essen sein oder ein Gegenstand, etwa ein Handy. Man kann Geld aber auch gegen Unterhaltung eintauschen, etwa einen Kinobesuch oder ein Fußballspiel. Außerdem kann man für Geld Arbeit und Hilfe bekommen: Man lässt sich die Haare schneiden oder den Computer reparieren.

2 Geld hat dabei immer einen bestimmten Wert: Mit 20 Euro kann man sich bestimmte Dinge kaufen. Der Geldschein hat also etwa den Wert eines Buches oder eines Spiels. Dieser Wert bleibt für längere Zeit erhalten. Man spricht daher auch von Geld als Wertaufbewahrungsmittel – in ihm ist ein bestimmter Kaufwert gespeichert.

3 Umgekehrt bestimmt das Geld den Wert der Dinge: Das Buch oder Spiel kostet 20 Euro, ist also 20 Euro wert. Damit ist Geld auch eine Recheneinheit, wie Meter für Längen oder Liter für Flüssigkeiten. Als reine Recheneinheit erscheint Geld vor allem auf dem Konto oder Sparbuch, bei Steuererklärungen oder Haushaltsplänen.

All dies setzt allerdings voraus, dass alle Beteiligten das Geld als Tauschmittel anerkennen und auf seinen Wert vertrauen. Denn ohne dieses Vertrauen ist das Geld nichts wert.

Geld vor dem Geld

Bereits in der Steinzeit begannen die Menschen, zu tauschen und zu handeln. Die einen hatten gerade ein Mammut erlegt und daher viel Fleisch, die anderen hatten Holz oder Zunderschwämme zu bieten. Vor allem Steine, die sich gut für die Herstellung von Werkzeug eigneten, wurden über Hunderte von Kilometern transportiert und eingetauscht, etwa Amphibolit oder Plattenhornstein. Je mehr die Menschen sich in

Hortfund

Waffen aus Bronze und Schmuck aus Gold wurden als Gaben an die Götter vergraben. Jahrhunderte später fand man sie wieder.

Vieh

Zur Zeit Karls des Großen kostete ein gutes Schwert sieben Kühe.

ihren Tätigkeiten spezialisierten, desto wichtiger wurde der Warentausch. Begehrte Güter waren Vieh, Salzblöcke, Muscheln und zunehmend auch Metalle. Kompliziert wurde es aber, wenn jemand etwas anbot, was der andere gar nicht brauchte. Sehr flexibel war der Tauschhandel also nicht.

Vieh als Kapital

Rinder, Schafe oder Ziegen waren in vielen Kulturen gleichbedeutend mit Besitz und damit auch mit Geld. Sie dienten als Zahlungsmittel und wurden als Preisangabe benutzt. Der Wert einer militärischen Ausrüstung oder der eines Schwertes wurde bis ins Mittelalter mit dem Wert von Kühen angegeben. Kein Wunder also, dass das Wort »Kapital« vom lateinischen »caput« kommt, was »Haupt« bedeutet: Für lange Jahre bezog sich »caput« auf die Zahl der Häupter einer Viehherde. Und unser Wort »pekuniär«, was »aufs Geld bezogen, geldlich« bedeutet, kommt vom lateinischen »pecus«, »Vieh«, aus dem schon der römische Begriff für Geld, »pecunia«, hervorgegangen ist.

Angeberwissen

- Das Wort »Geld« kommt von althochdeutsch »geltan«. Das bedeutete im Mittelalter, etwas zurückzugeben, zu bezahlen oder zu opfern.
- Das Wort »Gold« dagegen kommt vom gotischen »gilb«, was »gelb« bedeutet.

Geld und Glaube

Schon immer opferten die Menschen ihren Göttern wertvolle Dinge, um sie gnädig zu stimmen. In der späten Steinzeit vergruben sie Äxte; in der Bronzezeit legten sie prunkvolle Gegenstände aus Metall in der Erde nieder. Auch antike Münzen dienten dazu, mit den Göttern in Verbindung zu treten: Oft wurden sie in Quellen geworfen, von denen man sich eine heilende oder magische Wirkung versprach. In den Tempeln brachten die Gläubigen den Göttern Gold und Silber als Opfer dar. Für Tausende von Jahren hatte Geld also nicht nur einen praktischen, sondern auch einen religiösen Zweck: Man tauschte etwas Wertvolles gegen die Aufmerksamkeit und Gnade der Götter.

Ob es Glück bringt? Noch heute werfen Menschen Münzen in Brunnen. Im Trevi-Brunnen in Rom landen täglich rund 3 000 Euro.

Opferszene im Tempel: Die Gläubigen übergeben den Priestern Geld und wertvolle Dinge.

Hier ist die Fruchtbarkeitsgöttin Ischtar auf einem Amulett zu sehen. Sie wurde von den Sumerern auch auf Silberbarren, also Geld, dargestellt.

Mühsam: Karawanen bringen Salz von einer 116 Meter unter dem Meeresspiegel gelegenen Tiefebene ins Hochland.

Und das soll Geld sein?

Salz, das »weiße Gold«

Auf der ganzen Welt ist Salz ein begehrtes Gut. Ganze Völker und Städte sind durch das »weiße Gold« reich geworden. Bevor es Münzgeld gab, war das Salz selbst Zahlungsmittel. Im alten Rom wurden die Legionäre mit Salz, genannt »sal«, bezahlt; ihr Lohn hieß deshalb »salarium«. Auch in China, Indien und Afrika war Salz ein wichtiges Handelsgut, das gegen andere Dinge eingetauscht wurde. In mehreren afrikanischen Ländern benutzte man es in Form von Platten oder Barren als Geld. In Äthiopien war das Salzgeld Amole von etwa 500 nach Christus bis um 1920 in Gebrauch, also über 1 400 Jahre lang.

Das äthiopische Salzgeld Amole ist zwischen 20 und 30 Zentimeter lang und wiegt zwischen 700 und 950 Gramm. Damit es beim Transport nicht bricht, wird es mit Pflanzenfasern umwickelt.

Wenn sich alle Beteiligten einig sind, kann jeder Gegenstand als Geld dienen. Kein Wunder also, dass es in den vielen Kulturen der Welt völlig unterschiedliches Geld gab und noch gibt. Denn was die Menschen schätzen und für wertvoll halten, ist von Land zu Land sehr verschieden. Weil fast alles, was je als Geld benutzt wurde, aus der Natur stammt, nennt man Geld aus Gegenständen oder Tieren Naturalgeld. Das können Felle, Tierzähne, Perlen, Bernstein, Federn oder Tabak sein. Je nach Land und Klima konnten auch Kakaobohnen, Mandeln oder getrocknete Fische als Zahlungsmittel gelten.

Die Kaurischnecke ist etwa 2,5 Zentimeter lang und besitzt ein helles, glattes und glänzendes Gehäuse. Deshalb wird sie auch Porzellanschnecke genannt.

Kaurischnecke

Weitverbreitet und über 3 000 Jahre lang als Zahlungsmittel in Gebrauch war die Kaurischnecke. Dieses kleine Meerestier hat ein hübsches, hartes Gehäuse. Kaurischnecken sind daher lange haltbar. Sie haben eine angenehme Größe, lassen sich gut auffädeln und zählen. Zudem ließen sie sich lange nicht fälschen. Diese Eigenschaften bescherten der Kaurischnecke einen dauerhaften Einsatz als Zahlungsmittel in China, Indien, auf den Malediven und schließlich in Afrika.

Teurer Tee

Dort, wo schwarzer Tee angebaut oder viel getrunken wird, waren lange Jahre Ziegel aus gepressten Teeblättern als Tauschmittel üblich: in China, Tibet, der Mongolei und Sibirien. In China gibt es sogar heute wieder Teeziegel, die als Wertanlage dienen – wie andernorts Gold.

Ein Teeziegel wiegt etwa ein bis zwei Kilogramm. Daraus könnte man eine Menge Tee kochen!

Die Federn lieferte der Kardinalhonigfresser. Je leuchtender das Rot, desto wertvoller das Federgeld.

Kostbare Federn

Auf der Pazifikinsel Santa Cruz gab es Federgeld, hergestellt aus winzigen Federn in kräftigem Rot. Diese Federn wurden auf Taubenfedern geklebt und mit Rindenbast zusammengebunden, bis daraus richtige Rollen entstanden. Mit solchen Federrollen konnte man Boote kaufen oder Feste bezahlen.

Wertvolles Metall

In Nigeria wurden lange Zeit Ringe aus Kupfer zum Bezahlen verwendet; im Sudan gab es Hacken aus Eisen, in Mexiko kleine Äxte aus Kupfer. In China bezahlte man mit kleinen Arbeitsgeräten aus Bronze, dem Gerätegeld. Manche dieser »Geld-Werkzeuge« konnte man zum Arbeiten benutzen, andere hatten eher einen symbolischen oder rituellen Wert.

Gerätegeld

Steingeld auf Yap: Die Scheiben müssen immer aufrecht stehen. Bis heute gibt es etwa 6 500 solcher Rai-Scheiben.

Von Kohlen und Murmeln: modernes Tauschgeld

Im Ersten und Zweiten Weltkrieg und in den Jahren danach war das übliche Geld wertlos geworden. Die Menschen tauschten daher miteinander, was sie hatten: Kleidung gegen Essen oder Kohlen, Schmuck gegen warme Decken. In Deutschland tauschten Soldaten der englischen und amerikanischen Besatzungstruppen nach dem Zweiten Weltkrieg Zigaretten gegen Waren der Einheimischen. Man sprach geradezu von einer Zigarettenwährung. Auch wenn Kinder Murmeln, Aufkleber oder Sammelkarten tauschen, ist das ein Handel mit Warengeld. Früher kamen solche Spiele sehr viel häufiger vor als heute.

Not macht erfinderisch: Nach dem Ersten Weltkrieg konnte man mit Heizkohle den Eintritt ins Kino bezahlen.

Steinreich

Das Geld der Bewohner der Yap-Inseln im Pazifik besteht aus Steinscheiben. Diese können so groß sein wie eine Hand, aber auch an die vier Meter Durchmesser erreichen. Ihr Gewicht kann bis zu fünf Tonnen betragen. Das Unglaubliche: Die Steine müssen mit einfachen Booten und Flößen mühevoll von der Insel Palau beschafft werden – und die liegt 400 Kilometer entfernt! Dadurch werden die Steinscheiben umso mehr geschätzt. Rai wird dieses Steingeld genannt. Es wird eingesetzt, um Land zu erwerben oder eine Abmachung zu besiegeln. Je mehr Steinscheiben jemand besitzt und je größer diese sind, desto reicher ist der Yap-Bewohner.

Funny Fact

Wertvolle Wurzel

Naturalgeld heute: Die Heilpflanze Ginseng wird immer begehrter und teurer, vor allem Ginseng aus Korea. Daher konnte Nordkorea im Jahr 2010 seine Staatsschulden an Tschechien mit 20 Tonnen Ginseng begleichen!

Geniale Idee: Münzen

Delfingeld gab es in Olbia am Schwarzen Meer. Delfine galten als Beschützer der Seefahrer.

Von Anfang an waren Gegenstände aus Metall etwas Kostbares, mit dem auch getauscht werden konnte. Schon am Ende der Steinzeit gelang es den Menschen, Metalle nutzbar zu machen: Gold, Kupfer und Silber. Es folgten die langen Phasen der Bronze- und Eisenzeit, in denen die namengebenden Metalle immer mehr an Bedeutung gewannen – auch, was das Bezahlen anging. Zunächst hatte dieses Metallgeld aber sehr verschiedene Formen und Größen.

Früh dran: die Sumerer

Erstes Metallgeld gab es im Alten Orient. In Mesopotamien, dem Gebiet zwischen den Flüssen Euphrat und Tigris im heutigen Irak und Syrien, lebten die Sumerer. Dieses Volk gilt als erste Hochkultur der Menschheit, weil es die Keilschrift erfunden hat – zusammen mit den ägyptischen Hieroglyphen die erste Schrift überhaupt! Auf Tontafeln ist überliefert, dass die Sumerer um 2000 vor Christus Silber zum Bezahlen einsetzten. Dafür wogen sie das Gewicht des Silbers und setzten Preise fest, etwa für Öl, Getreide oder Wolle. Es gab sogar schon Gesetze, die Geldstrafen in Form von Silberzahlungen vorsahen, etwa wenn man jemanden geschlagen hatte.

Der Sage nach machte König Midas alles zu Gold, was er berührte – aus Versehen auch seine Tochter. Er übertrug seine Gabe dann auf den Fluss Paktolos.

Hacksilber, auch aus zerhacktem Schmuck und Münzen, war noch im Mittelalter üblich, besonders bei den Wikingern und bei den Slawen.

Viel zu umständlich!

Allzu praktisch war der Umgang mit dem Silber in Mesopotamien nicht: Das Metall wurde in Klumpen oder Barren aufbewahrt, von denen man immer Stücke abhacken und dann wiegen musste. Da lag es doch nahe, bestimmte Mengen schon mal auf Vorrat zu zerkleinern und abzuwiegen! Wenn man diesen gleich schweren Metallstücken die gleiche Form gab, wurde die Sache schon übersichtlicher. Darauf kamen unterschiedliche Menschengruppen zu verschiedenen Zeiten: Zur Bronzezeit gab es kleine Bronzebeile als später sogenanntes Gerätegeld, also Geld in Form von Arbeitsgeräten. Die Kelten wiederum benutzten kleine Äxte und keilförmige Barren aus Eisen. Und in der griechischen Kolonie Olbia am Schwarzen Meer wurde im 5. Jahrhundert vor Christus mit kleinen Delfinen aus Bronze bezahlt.

Der Stempel macht's

Wenn man Metall zum Schmelzen bringt und ohne Form gießt, entsteht eine runde oder ovale Platte. Kleine Metallscheiben liegen gut in der Hand und lassen sich bequem zählen und sammeln. Warum sie nicht als Geld benutzen? Auf diese Idee kamen um 650 vor Christus die Lyder, ein Volk auf dem Gebiet der heutigen Westtürkei. Aber sie gingen noch einen Schritt weiter: Sie fertigten unterschiedlich schwere, ovale Metallklümpchen an, die für verschiedene

Solche Eisenbarren mit Spitzen, bis zu fünf Kilogramm schwer, benutzten die Kelten als Zahlungsmittel.

Werte standen, und drückten ihnen einen Stempel auf. Dieser Stempel stand für Qualität und Sicherheit. Er garantierte Wert und Echtheit. Genau das macht eine Münze aus. Der bis heute bekannteste Lyder ist König Krösus, der im 6. Jahrhundert vor Christus lebte. Seine Symboltiere Stier und Löwe sind in frühe lydische Münzen eingeprägt. Man sagte ihm märchenhaften Reichtum nach und nennt bis heute einen reichen Mann einen Krösus.

Erfolgsmodell Münzgeld

Die Erfindung des Münzgeldes bescherte zuerst den Lydern und dann dem antiken Griechenland einen enormen Aufschwung. Kaufleute reisten weit umher und konnten nun ganz unkompliziert ihre Waren verkaufen. Das neue Geld wurde überall anerkannt – wenn man dem Stempel nicht traute, konnte man es ja einfach einschmelzen! Egal, was man von den Münzen hielt: Das Metall an sich war wertvoll. Dann entstand die Idee des Handelsplatzes: Wer etwas verkaufen wollte, musste nicht mehr mühsam nach Abnehmern suchen, sondern bot seine Waren auf dem Markt an. Ware gegen Geld! Das war auch für die Kunden praktisch. Bis ins 19. Jahrhundert blieb die Münze die Hauptform des Geldes.

Vom Metallplättchen zur Münze

Von der Antike bis ins Mittelalter wurden Münzen auf dieselbe Weise hergestellt: Auf einer festen Unterlage, dem Amboss, befestigte der Münzmeister einen Stempel. Darauf legte er ein rundes Metallplättchen, auch Rohling oder Schrötling genannt. Auf das Metallstück kam ein zweiter Stempel mit einem anderen Bild. Auf diesen wurde nun kräftig mit einem speziellen Hammer geschlagen – fertig war die Münze mit Vorder- und Rückseite.

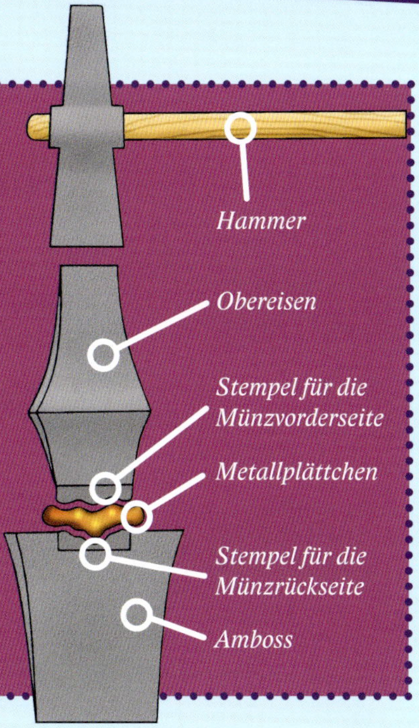

Lydien verfügte über reiche Vorkommen an Elektron, einer Mischung aus Gold und Silber. Aus diesem weiß-goldenen Metall wurden die ovalen lydischen Münzen gegossen – die ersten Münzen überhaupt.

Auf solchen Tontafeln hielten die Sumerer in Keilschrift auch Preise für Waren fest.

In Mesopotamien bezahlte man um 2000 v. Chr. mit Silber. Die Lyder erfanden um 650 v. Chr. das Münzgeld.

Angeberwissen

- Münzen und ihre Vorläufer bestehen meist aus den Metallen Gold, Silber oder Kupfer. Oft sind jedoch kleine Mengen anderer Metalle beigemischt.
- Je nach Land und vorhandenen Metallen stellte man auch Münzen aus Nickel, Zinn, Blei, Zink, Platin, Aluminium oder Eisen her.
- Münzen, die aus sogenannten Edelmetallen wie Gold, Silber und Platin bestehen, haben große Vorteile: Sie sind haltbar, rosten nicht und zerbrechen nicht.

Balkenwaage

Auf dieser ägyptischen Wandmalerei wird Gold auf einer Waage mit beweglichem Balken, Lot und schwingenden Waagschalen gewogen.

Wiegen, Zählen, Messen

Fast bis in die Gegenwart hinein hing der Wert eines Metall- oder Geldstücks davon ab, wie schwer es war. Schon die alten Ägypter benutzten Balkenwaagen, um Metall zu wiegen und so seinen Wert zu bestimmen. Dafür entwickelten sie ein erstes System von Maßen und Gewichten. Auch die Sumerer setzten solche Waagen ein, um das Gewicht von Silber zu ermitteln. Als Gegengewichte zum Metall durften in Mesopotamien nur amtlich geprüfte Gewichte benutzt werden. Oft hatten sie die Form von Enten oder Gänsen.

Gewicht und Wert

Beim Einschmelzen einer Goldmünze hätte man im Idealfall genau den darauf angegebenen Goldwert als Gewicht erhalten. Seit der Einführung der gestempelten Münzen musste man Geld also eigentlich nicht mehr wiegen: Mit dem Stempel garantierten schließlich früher ein Tempel oder ein Herrscher – heute ein Staat –, dass die Münze genau einem bestimmten Metallgewicht und damit Wert entsprach. Das nennt man Münzfuß. Dennoch wird Geld bis heute gewogen.

Sicher ist sicher

Wer sichergehen wollte, prüfte nach. Besonders wichtig war dies früher für Händler und Geldwechsler, die viel mit fremden Münzen zu tun hatten. Seit dem 14. Jahrhundert gehörte die Münzwaage deshalb zur festen Ausstattung der Kaufleute. Es gab ganze Sets, praktisch verpackt in Holzkästchen, die neben der Waage auch Gewichte enthielten. Diese entsprachen den jeweils gängigen Münztypen. Solche Waagen dienten nicht nur zum Prüfen der Echtheit, sondern auch zum Zählen des Geldes: Jeder Händler wusste, wie schwer die zehn Gulden sein mussten, die er für eine bestimmte Ware bekommen wollte.

Skala

Zeichen am Balken zeigen das Gewicht an.

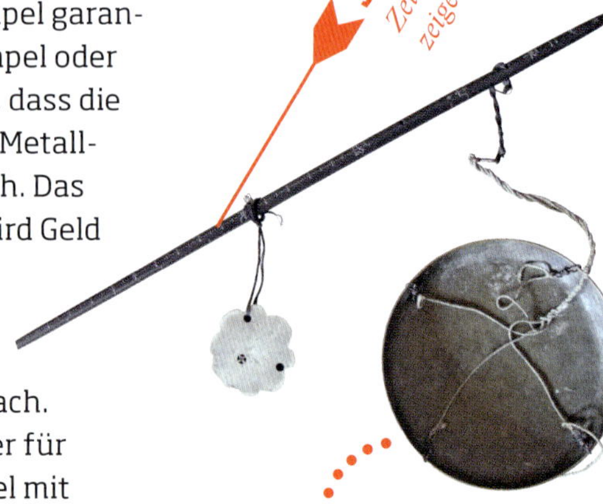

Chinesische Handwaage

Sie wird mit einer Schnur hochgehalten und die Ware auf die Schale gelegt. Dann wird das Gewicht verschoben, bis der Balken im Gleichgewicht ist.

Gänsegewicht

Aus schwarzem Diorit mit sumerischer Keilschrift, 14 cm lang und etwa 2,5 kg schwer

Münzwaage

Vom Mittelalter bis ins 19. Jahrhundert benutzten Münzhändler solche kleinen Waagen. Die Gewichte waren im Set gleich dabei.

Rechentisch

Das Rechnen auf Linien mithilfe von Rechenpfennigen war im Mittelalter überall üblich.

Schon gewusst?

Zu fast allen Zeiten musste man Münzen wiegen, weil sie beschnitten und gefälscht wurden. Es war weitverbreitet, den Rand abzuschneiden oder abzufeilen. So konnte man Edelmetall ansammeln, das sich einschmelzen und neu verwerten ließ. Natürlich war das strengstens verboten! Auch gefälschte Münzen ließen sich oft durch Wiegen entlarven.

Zähltische und Rechenbretter

Ein anderes Hilfsmittel der Kaufleute waren Zähltisch oder Rechenbrett: Auf einem Raster von Linien sind Einer, Zehner, Hunderter und Tausender gekennzeichnet. Diese werden ergänzt durch Rechenarten oder Angaben zu verschiedenen Münztypen. Auf einem solchen Zähltisch konnte man etwa ausrechnen, wie viele Pfennige drei Gulden wert waren. Als Hilfsmittel benutzten die Geschäftsleute Steine oder Rechenpfennige. Moderne Zählbretter bestehen meist aus Kunststoff und besitzen halbkreisförmige Vertiefungen mit einer Skala, in die die Münzen hineingelegt werden.

Bestimmungsbücher

Nachdem im 15. Jahrhundert der Buchdruck erfunden worden war, entstand ein neues, praktisches Hilfsmittel: das Münzhandbuch. Es zeigte Vorder- und Rückseiten internationaler Münzen in Originalgröße. Wer eine unbekannte Münze bestimmen wollte, musste nur die entsprechende Abbildung finden und konnte sie dann mit seinem Geldstück vergleichen. Solche Bestimmungsbücher hatte aber kaum jemand zur Verfügung, da sie sehr teuer waren.

Herzhafter Biss

Was wir heute aus Westernfilmen kennen, war wohl jahrhundertelang gängige Praxis: Um zu erkennen, ob ein unbekanntes Goldstück wirklich aus reinem Gold besteht,

Bisstest

Ein kerniger Biss in die Münze verrät dem Cowboy, ob er es mit echtem Gold zu tun hat oder nur mit vergoldetem Blech. Gut für die Zähne ist das allerdings nicht!

griffen Menschen zum Bisstest. Sie nahmen die Münze in den Mund und kauten vorsichtig darauf herum. Echtes Gold ist relativ weich und schmeckt neutral. Dennoch ist der Biss gefährlich für die Zähne. Heutzutage ist er erst recht nicht mehr zu empfehlen, weil es keine Münzen oder Medaillen aus reinem Gold mehr gibt.

Sortieren und Stapeln heute

Seit moderne Herstellungstechniken für Geld eingesetzt werden, sind die Münzen einer Währung sehr einheitlich. Moderne Zählsysteme verlassen sich daher auf die Größe und das Material der Münzen: Zählautomaten in Banken und Geschäften benutzen verschieden große Öffnungen und Röhren, in die die Münzen einsortiert werden. Viele Automaten berücksichtigen magnetische Eigenschaften, um die Echtheit einer Münze zu bestimmen – daneben aber auch nach wie vor das Gewicht.

Zählmaschine

Durch verschieden große Öffnungen werden die Münzen sortiert. Sie fallen in Röhren und dann in Säcke. Dabei wird der Gesamtbetrag gezählt und oben angezeigt.

Geld der Antike: Griechen und Römer

Nach ihrer Erfindung in Lydien verbreiteten sich die gestempelten Metallscheiben im antiken Griechenland. Erste Münzen wurden um 550 vor Christus auf der Insel Ägina geprägt. Sie waren nun rund und meist aus Silber gefertigt. Bald hatte jeder Stadtstaat der Griechen, genannt Polis, eigene Münzen. Als Abbildungen wählten die alten Griechen zunächst Tiere: Rinder oder Hirsche.

Münzen mit Schutzfunktion

Kurz darauf eroberten Schutzgötter und heilige Wesen das Geld: Zeus, der Göttervater, zierte die Münzen von Olympia; die Münzen von Korinth zeigten den geflügelten Pegasos, die von Ephesus die Biene als Symbol der Göttin Artemis. Die Münzen von Knossos zierte ein Labyrinth.

Solon schafft Ordnung

Das antike Griechenland war riesig, die Anzahl an verschiedenen Münzen wurde unüberschaubar. Da musste ein System her! Solon, ein weiser Staatsmann, legte fest: Das griechische Geld sollte zwei Einheiten umfassen, eine größere Münze, Drachme genannt, und eine kleinere, den Obolos. Eine Drachme entsprach dem Tageslohn eines Handwerkers und war sechs Oboloi wert. Nach wie vor wurden Drachme und Obolos aber je nach Polis unterschiedlich geprägt.

Alexander erobert die Münzen

In Makedonien, einem Reich im Norden Griechenlands, herrschte im 4. Jahrhundert vor Christus Alexander der Große. Er eroberte Griechenland und Persien, Ägypten und Teile Indiens – ein wahres Weltreich also. Aus den besiegten Ländern brachte sein Heer viel Gold und Silber mit nach Griechenland. Damit wurden prächtige neue Münzen geprägt, die bald eine bahnbrechende Neuerung aufwiesen: Das Bild des Königs Alexander ersetzte die Götter und ihre Symbole. Das Geld wurde so zum Zeichen der Macht eines einzelnen Herrschers.

Rom zieht nach

Die alten Römer benutzten lange Vieh, Salz und Kupferbarren als Geld. Schließlich stellten sie erste Münzen aus Kupfer her. Gold und Silber wurden in Italien kaum abgebaut. Dann eroberten die Römer immer mehr Länder, aus denen sie massenhaft Edelmetalle abzogen. Jetzt konnten endlich auch sie ordentliche Münzen prägen! Den Anfang machte im Jahr 211 vor Christus der Denar, eine Silbermünze. Kleinere Münzen waren der Sesterz, angefertigt aus Messing, sowie As und Quadrans, beide aus Kupfer. Wenig später war der römische Denar die wichtigste Münze der antiken Welt. Roms Reichtum und Macht ließen sich nun in Geld messen.

Schon gewusst?

Das wohlhabende Athen war voll von Eulen und Bildern der Eule, dem Symboltier der Schutzgöttin Athene. Noch mehr Eulen gab es nach Einführung der »glaukes«, der Athener Eulenmünzen. Deshalb bedeutet die Redensart »Eulen nach Athen tragen«, etwas Überflüssiges zu tun: Im reichen Athen gab es genug Eulen – und genug Münzen mit Eulenbild!

Ein goldener Aureus war 25 Denare wert. Diese Vorderseite ziert das Profilbild des Kaisers Augustus.

Gaius Julius Caesar war der erste Römer, der sein Bild auf Münzen prägen ließ, oft auf silberne Denare.

Produktionsstätte der römischen Denare war der Tempel der Göttin Juno Moneta auf dem Kapitolshügel. Der erste Denar zeigte das Bild dieser Göttin und die Aufschrift »Moneta«.

Griechische Münzen

Auch griechische Poleis in Süditalien stellten Münzen her: In Syrakus zeigten sie die Nymphe Arethusa, in Messina Hase und Delfin, in Metapont die Ähre der Göttin Demeter.

Alexander der Große

Ganz der Eroberer – auf dem berühmten Mosaik in Neapel wie auf seinen Silbermünzen.

Cäsar und das Geld

Gaius Julius Cäsar, der wohl berühmteste Römer, erkaufte sich seine Macht mit viel Geld. Auf dem Höhepunkt seiner Regierung ließ er Münzen mit seinem Bildnis herstellen – wie zuvor Alexander der Große. Das bescherte ihm viel Ärger, aber auch viele Nachahmer unter seinen Nachfolgern. Mit Gold aus eroberten Gebieten ließen die Römer schließlich auch eine Goldmünze anfertigen, den kostbaren Aureus.

Die Münzen werden schlecht

Gut 200 Jahre lang garantierten die römischen Kaiser »gutes« Geld. Dann wurden die vielen Kriege zu teuer und der Einfluss in den eroberten Gebieten schwand. Nicht immer standen Gold und Silber zur Verfügung. Die Kaiser befahlen, den Münzen mehr Kupfer beizumischen. So wurde das römische Geld immer minderwertiger. Die Menschen verloren das Vertrauen in ihr Geld – und die Römer ihren Reichtum. Dem setzte Kaiser Konstantin 309 den Solidus entgegen, eine neue, solide Goldmünze.

Funny Fact

»Geld stinkt nicht!«

Im antiken Rom gab es öffentliche Toiletten, genannt Latrinen. Der Urin wurde an die Gerber gegeben, da sie ihn zum Gerben von Leder gebrauchen konnten. Kaiser Vespasian, stets auf der Suche nach neuen Einnahmequellen, erhob eine Steuer auf den Urin. Sein Sohn Titus rümpfte darüber die Nase. Vespasian hatte dazu nur zu sagen: »Pecunia non olet!« – »Geld stinkt nicht!« Diesen Ausspruch verwendet man noch heute.

Geld im Mittelalter

Pfennig

Hier mit dem Bild Karl des Großen. Für einen Pfennig bekam man um 900 zwei Hühner oder sechs Kilogramm Weizen. Dafür musste ein Arbeiter zwei Tage schuften. Es gab auch Halbpfennige für kleinere Zahlungen.

Kaiser Karl der Große regierte ein weitläufiges Reich und führte überall den Pfennig ein, die erste Silbermünze des Mittelalters.

Zwischen dem 4. und dem 6. Jahrhundert nach Christus wurde das Römische Reich immer wieder von Völkern aus dem Norden überrannt und zerfiel schließlich. Mehrere germanische Stämme ließen sich auf dem Gebiet der Römer nieder. Die Germanen hatten anfangs noch kein eigenes Münzgeld und nutzten einfach die Münzen der Römer. Dann kamen die Merowinger an die Macht, eine Königsfamilie vom Stamm der Franken. Im 6. Jahrhundert prägten sie eine eigene Goldmünze, die wie bei den Römern Solidus genannt wurde. Bald setzte sich jedoch eine kleinere Münze durch, die ein Drittel des Solidus wert war: der Tremissis.

Pippin räumt auf

Der goldene Tremissis wurde immer leichter und ihm wurde immer mehr Silber beigemengt. Kontrollieren konnte das niemand, denn im 7. und 8. Jahrhundert prägten Adelige und Kirchenleute an über 400 Orten im ganzen Reich ihr eigenes Geld. König Pippin der Jüngere wollte um das Jahr 760 herum Ordnung ins Münzchaos bringen: Künftig sollte auf der Rückseite jeder Münze stehen, wo sie geprägt worden war. Außerdem gab es nur noch Silbermünzen. Sie wurden Denar genannt. Im Westen des Reiches, heute Frankreich, setzte sich der Name Denier durch, auf dem Gebiet des heutigen Deutschland der Name Pfennig.

Karls neuer Pfennig

Karl der Große, Pippins Sohn, griff um 800 noch strenger durch: Münzen durften nur noch in gut 30 kaiserlichen Pfalzen geprägt werden. Das Gewicht des silbernen Pfennigs wurde zudem erhöht. Auf der Vorderseite der Münze war anfangs nur Schrift, bald aber das Bild des Herrschers zu sehen, umrahmt von einer Umschrift mit seinem Namen und Titel. Auf der Rückseite befanden sich ein Kreuz auf einem Tempel und die Umschrift »Christiana religio« – »die christliche Religion«. Karl verfügte, dass dieses Silbergeld im ganzen Frankenreich gelten sollte. Damit schuf er die erste europäische Währung.

Silber überall

Zunächst wurden die silbernen Pfennige vor allem in Städten und für den Fernhandel benutzt. Die Mehrzahl der Menschen kam aber weiterhin ohne Münzgeld aus. Man tauschte Waren und bezahlte die Abgaben an den Landesherrn in Naturalien oder durch Arbeit. Im 10. und 11. Jahrhundert wuchs die Bevölkerung jedoch an und die Menschen spezialisierten sich zunehmend auf bestimmte Tätigkeiten. Überall entstanden Märkte, auf denen Waren

Groschen

Der Meißner Groschen, geprägt ab 1338, wurde in anderen Gegenden Schilling genannt. Noch im 20. Jahrhundert gab es Groschen: in Österreich und in Polen – dort Grosny genannt.

Tremissis

Für einen goldenen Tremissis bekam man einen Scheffel Getreide, was etwa einem Sack voll entspricht, oder rund 34 Liter Wein.

Angeberwissen

- Das von Karl dem Großen eingeführte Karlspfund war eine Gewichtseinheit und entsprach etwa 406 Gramm.
- Aus einem Pfund Silber wurden 240 Pfennige oder 20 Groschen hergestellt.

Brakteat
Solche dünnen Silberpfennige, die nur einseitig geprägt sind, kamen häufig im 12. Jahrhundert vor.

Große Städte wie Köln oder Regensburg sicherten sich das Recht, eigene Münzen prägen zu dürfen. Der Kölner Pfennig galt als besonders hochwertig.

angeboten wurden. Dadurch stieg der Bedarf an Münzgeld. Neues Silber musste her! Da passte es gut, dass im Harz und im Schwarzwald Silber gefunden wurde. Später kamen noch Freiberg in Sachsen und weitere Orte hinzu. Man konnte nun massenhaft neue Pfennige prägen.

Groschen – dicke Dinger

Im 13. Jahrhundert blühte der Handel in den Städten; immer mehr Menschen lebten vom Ein- und Verkauf. Wenn man mit vielen oder teuren Waren handelte, waren die Pfennigmünzen unpraktisch: Man brauchte einfach zu viele davon. Auch die Kreuzritter, die in den Glaubenskrieg ins Heilige Land aufbrachen, benötigten größere Geldstücke. Deshalb ließ 1204 der Doge von Venedig eine große und schwere Münze prägen, die »grossus denarius«, »dicker Denar« genannt wurde – oder einfach Grosso, der Dicke. Etwas später gab der französische König Ludwig IX. eine große Münze in Auftrag, die den Wert von zwölf Pfennigen hatte. Sie wurde in der Stadt Tours geprägt und hieß deshalb »Gros tournois«, zu Deutsch Turnose. Diese sogenannten Groschenmünzen, auch Schillingmünzen genannt, wurden bald in ganz Westeuropa geprägt und benutzt. Besonders beliebt waren der Prager Groschen und der Meißner Groschen.

Voll im Trend: Kreuzer

Für den Alltag wurde aber weiterhin eine kleinere Münze gebraucht. Die ließ zuerst Graf Meinhard II. von Görz und Tirol ab 1272 in Meran herstellen. Die Vorderseite zierte ein Doppelkreuz; deshalb nannte man diese Münze bald Kreuzer. Ihr Wert schwankte über das Mittelalter zwischen vier und 20 Pfennigen. Das klare Design überzeugte: Noch im 19. Jahrhundert wurden in Österreich und Süddeutschland Kreuzer geprägt.

Turnose
Mit diesen Stempeln wurden den Turnosen geprägt, große Silbermünzen aus Frankreich.

Der Otto-Adelheid-Pfennig, benannt nach Kaiser Otto III. und seiner Großmutter Adelheid, wurde um 1000 aus Rammelsberger Silber hergestellt, abgebaut im Harz bei Goslar.

Rammelsberg
Über 1 000 Jahre lang wurden hier Silber, Blei und Kupfer gewonnen.

Die erste Goldmünze seit den Merowingern: Der Fiorino aus Florenz ist an der Lilienblüte zu erkennen, dem Symbol der reichen Handelsstadt.

Florenz war Zentrum des Handels und der Kunst. Im 15. und 16. Jahrhundert regierte hier die Familie der Medici.

Von Gulden und Talern

Geld bestand in Europa bis ins 13. Jahrhundert vorwiegend aus Silber. Durch den Handel mit Ländern im Orient und in Nordafrika gelangten zahlreiche arabische Goldmünzen nach Italien. So etwas wollten die Europäer auch! 1252 stellte zuerst die italienische Stadt Florenz prächtige Goldmünzen her, genannt Fiorino oder Floren. Genua führte den Genovino ein, Venedig den Zecchino, auch Dukat genannt. Wer in Frankreich, England, Ungarn und Deutschland Gold hatte, machte das nach. Die neuen Münzen wurden hier nach ihrem Material als Gulden oder Goldener bezeichnet. Für den Handel waren die verschiedenen Goldmünzen jahrhundertelang europaweit wichtigstes Zahlungsmittel.

Dauerbrenner Dukat

Weit über das Mittelalter hinaus blieb der Dukat mit festgelegtem Goldgewicht im Gebrauch. Sein Name ging später auch auf Goldmünzen über, die nicht in Venedig geschlagen wurden. Im Jahr 1559 wurde er unter dem Namen Gulden zur offiziellen Goldmünze des Heiligen Römischen Reichs Deutscher Nation. Bis 1872 wurden in Deutschland Dukaten beziehungsweise Gulden hergestellt, in Österreich bis 1915.

Gold ist nicht alles

Goldmünzen waren aber nur etwas für Händler und Reiche. Die normalen Leute brauchten weiterhin Kleingeld mit niedrigerem Wert – und das war aus Silber. Dummerweise waren diese Münzen immer knapp und von den Münzherren, meist weltliche und geistliche Fürsten, wurde gerade mit dem Silbergeld am meisten Unfug getrieben. Denn die Prägung von kleinen Münzen lohnte sich nur, wenn man dem Silber andere Metalle beimischte – sonst überstieg der Materialwert den Wert der Münze.

Verrufenes Geld

Wenn Münzen abgenutzt waren, wurden sie eingezogen und durch neue ersetzt. Die alten Münzen waren unbrauchbar und wurden verrufen. Auch jeder neue

Batzen und Co

Rappen, Plappert und Batzen waren Silbermünzen am Oberrhein. Der Batzen war vier Kreuzer wert. Sein Name kommt wohl vom Bär – auch Petz genannt –, dem Wappentier der Stadt Bern.

Schon gewusst?

Vom Taler stammt das englische Wort »Dollar« ab – und vom Begriff »Pfennig« kommt das englische Wort »Penny«.

Der Joachimsthaler zeigte vorne den heiligen Joachim und hinten das Wappen der Grafen Schlick.

Unglaublich!

1456–1460 wurden in ganz Deutschland sogenannte Schinderlinge hergestellt, besonders minderwertiges Silbergeld – und das auf Befehl des Kaisers Friedrich III. und anderer Fürsten! Das führte zu einer schlimmen Wirtschaftskrise. Das Geld war nichts mehr wert!

Silber aus Übersee

Potosí liegt im heutigen Bolivien. Hier ließen die spanischen Könige ab 1545 Silber abbauen und Münzen prägen. Viele Einheimische kamen dabei zu Tode. Schiffe brachten das Silbergeld nach Spanien. Die geförderten Silbermengen waren so groß, dass es zu einer weltweiten Silberentwertung kam. Bis heute gibt es in Potosí Silbervorkommen.

Herrscher zog alte Münzen ein und prägte aus dem eingeschmolzenen Metall neue. Geldgierige Münzherren nutzten die Münzverrufungen, um sich zu bereichern: Sie erklärten ihre alten Münzen für ungültig und ersetzten sie durch neue, aber schlechtere mit weniger Gehalt an Gold oder Silber. Wegen ihrer dunklen Farbe wurden diese Münzen auch Schwarzgeld genannt.

Zurück zum Silber

Um 1500 wurden die Goldreserven knapp in Mitteleuropa. Dafür wurden neue Silbergruben entdeckt. Mit diesem Silber ließen die Landesherren erneut dicke Silbermünzen schlagen. Zuerst hießen sie Guldiner, dann Joachimsthaler und schließlich einfach nur Taler. Ein Taler hatte den Wert von 68 Kreuzern und mehr. Schnell verbreitete sich die neue Silbermünze und war bis um 1700 die wichtigste Münze im Reich.

Neu in Europa: Papiergeld

In Schweden gab es kaum Edelmetall; daher prägte man dort riesige Geldstücke aus Kupfer. Ein Stück, das dem Wert eines Talers entsprach, wog fast zwei Kilogramm, ein 10-Taler-Stück also fast 20 Kilo. Völlig unpraktisch! Daher gab die Stockholm Banco ab 1661 Vertrauensscheine aus, die den Wert einer bestimmten Anzahl von Kupfertalern hatten. Das waren die ersten europäischen Banknoten. Man konnte sie offiziell bei der Bank gegen die aufgedruckte Anzahl an Münzen eintauschen und musste nicht mehr schwer schleppen. Auch in England, Schottland, Norwegen und den Kolonien in Nordamerika kam das Papiergeld in Mode – oft, weil es an Münzen fehlte oder der Staat überschuldet war. Frankreich zog im 18. Jahrhundert nach. Wenn viele Menschen auf einmal ihre Papierscheine in Metallgeld umtauschen wollten, gab es aber jedes Mal Probleme. Meist waren die Banknoten nämlich nicht gedeckt, das heißt, es gab nicht genügend Münzen als Gegenwert bei der Bank.

Klippen, eckige Münzen, wurden als Notgeld in belagerten Städten geprägt.

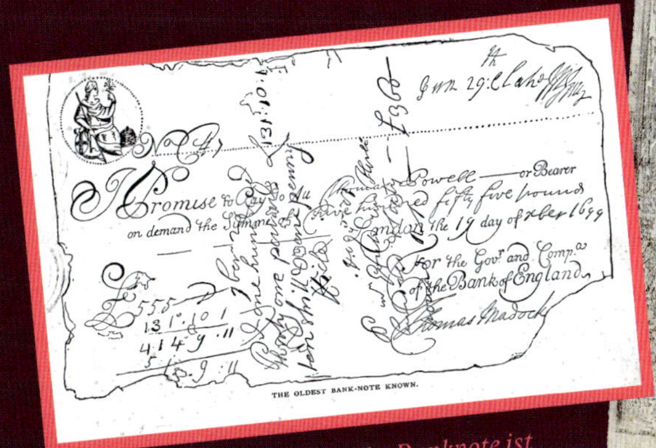

Die angeblich älteste englische Banknote ist dieser Schein der Bank of England von 1699.

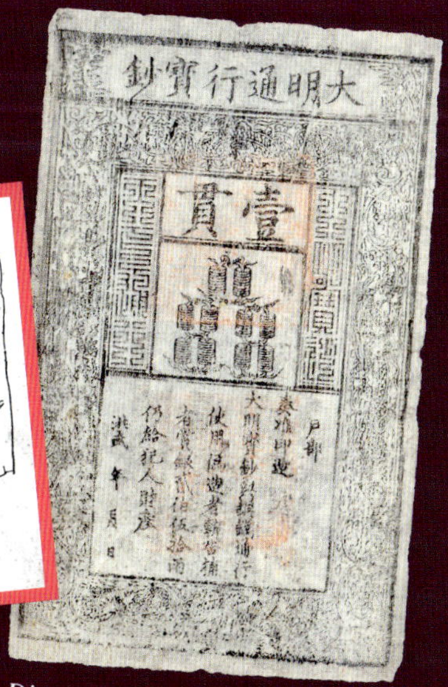

Die eigentlichen Erfinder des Papiergeldes sind die Chinesen. Schon um 1000 n. Chr. gab es in China Papierzettel, die als Geld anerkannt wurden.

Durch ein prächtiges Barockportal gelangt man in die Alte Residenz mit der Münzsammlung.

Name: Martin Hirsch
Alter: 46
Beruf: Konservator an der Staatlichen Münzsammlung München

Interview im Münzkabinett

Mitten in München, in den Räumen der historischen Residenz, befindet sich die Staatliche Münzsammlung. Mit einem Bestand von ca. 300 000 Objekten aus aller Welt zählt sie zu den großen Münzsammlungen Europas – und ist eine der ältesten: Bereits im 16. Jahrhundert wurde sie von den bayerischen Herzögen begründet. Hier arbeitet Konservator Martin Hirsch.

Was wird bei Ihnen alles gesammelt?

Mehr als man vielleicht denkt: Münzen, Medaillen, geschliffene Edelsteine, frühe Formen des Geldes, sogenanntes Primärgeld, aber auch Geldscheine und Aktien. Seit Neuestem sammeln wir auch alte Spardosen.

Diese Papstmedaille zeigt die Piazza Navona in Rom, bis ins Detail genau wiedergegeben.

Medaillen dienen rein dem Sammeln. Oft sind sie künstlerisch gestaltet, hier von dem Maler Pisanello.

Wie wird man Münzspezialist?

Oft ist Zufall im Spiel. In der Familie und unter Freunden können Münzsammler sein, die Anregungen geben. Um Spezialist zu werden, muss man viel sammeln oder lesen. Ich kam erst nach dem Studium und einer Doktorarbeit in der Kunstgeschichte zu den Münzen. Danach habe ich ein Museumsvolontariat begonnen. Das fand an drei Museen statt; in der Staatlichen Münzsammlung fand ich es am schönsten und interessantesten. Wenig später ergab sich die Möglichkeit, hier dauerhaft zu arbeiten. Darüber bin ich heute sehr glücklich.

Warum freuen sich Archäologen besonders über Münzfunde?

Münzen liefern sehr genaue zeitliche Angaben. Eine Münze lässt sich mit ihrem Bild und ihrer Schrift viel besser datieren als etwa eine Vase. Ich finde auch besonders spannend, welche weite Reise das Geld gemacht hat. Münzen aus dem alten Athen wurden zum Beispiel auch in Nordafrika gefunden.

Darf man gefundene alte Münzen behalten?

Findet man die Münze auf seinem eigenen Grundstück, darf man sie behalten. Ansonsten gibt es verschiedene Regeln. Ein schon vom römischen Kaiser Hadrian erlassenes und heute noch in Bayern geltendes Gesetz besagt, dass sich Finder und Grundstückseigentümer den Fund zur Hälfte teilen. Weil die Gesetze in Deutschland aber unterschiedlich sind, sollte man immer das Denkmalamt informieren.

Wie prüfen Sie, ob eine Münze echt ist?

Vor allem sind die Altersspuren auf der Oberfläche und am Rand der Münze zu prüfen. In Gusstechnik hergestellte Fälschungen kann man an kleinen Löchern erkennen, die man am besten mit einer Lupe sucht. Auch die Buchstaben sehen bei solchen Stücken oft weich aus. Jedes Metall hat auch einen eigenen Klang. Echtes Silber klingt zum Beispiel sehr hell.

Wie hält man die ganzen Münzen auseinander?

Münzen können sehr verschieden aussehen: Römische Münzen zeigen den regierenden Kaiser und haben Schrift eingeprägt. Mittelaltermünzen sind oft sehr dünn und nicht unbedingt rund. So hat jede Münze aus jeder Zeit ihre Eigenheiten. Was dann einmal geordnet wurde, sollte man nicht mehr durcheinanderbringen.

Wie bewahrt man Münzen am besten auf?

In der Münzsammlung haben wir viele Schränke für die verschiedenen Münzherren, also für Herrscher, die früher Münzen prägen ließen. Private Sammler legen ihre Münzen gerne in Kästen. Am Anfang tut es auch ein Album. Allerdings sind die Plastikfolien darin nicht besonders gut für die alte Patina auf den Münzen. Die Patina ist eine dünne Schicht auf der Oberfläche, die für die schöne Färbung eine Rolle spielt.

Immer nur Münzen – wird das nicht irgendwann langweilig?

Aber nein! Wenn ich die Kollegen in meinem Museum sehe, dann gibt es welche, die am liebsten immer nur Münzen untersuchen. Das ist unglaublich. Andere, wie ich, erforschen auch Zusammenhänge mit der Kunst und Geschichte.

Die hübsche Münze aus dem antiken Athen ist bei Sammlern beliebt.

Haben sie eine Lieblingsmünze oder -medaille?

Die Tetradrachme aus Athen. Die dicken Eulen darauf sind sehr schön anzusehen. Jeder Sammler will eine schöne Eule haben.

Bestandteile einer Münze

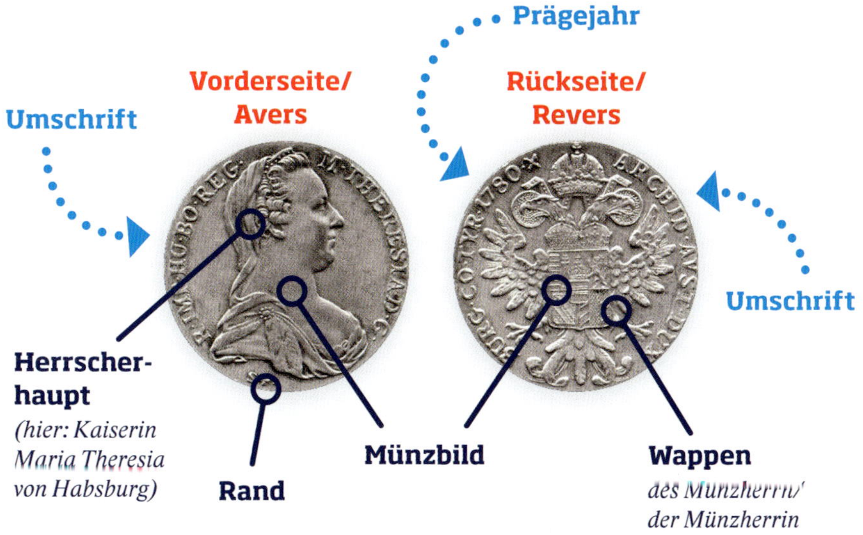

Bestimmungsbücher helfen den Münzspezialisten, auch Numismatiker genannt, Münzen zu identifizieren.

Spielgeld? Sozusagen: 1923 wurde die Rentenmark eingeführt und die vielen alten Markscheine wurden damit wertlos.

Inflation

Immer höhere Zahlen stehen auf den Geldscheinen, aber ihr Wert sinkt; man kann immer weniger dafür kaufen.

Der lange Weg zur D-Mark

Deutschland als Staat gibt es erst seit 1871. Vorher bestand das Land aus vielen kleinen Einzelstaaten, Fürstentümern und Reichsstädten. Und natürlich hatte jeder sein eigenes Geld. Im 17. Jahrhundert gingen die Silbervorkommen zurück und man benutzte Silbertaler aus Spanien, Frankreich und den Niederlanden. Das verstärkte das bunte Durcheinander.

Die ersten D-Mark-Banknoten nach dem Zweiten Weltkrieg wurden 1948 in den USA gedruckt.

Nord und Süd

Anfang des 19. Jahrhunderts existierten auf deutschem Gebiet fünf verschiedene Münzsysteme. Über 300 unterschiedliche Silbermünzen soll es damals gegeben haben. Zusätzlich waren noch die ausländischen Münzen in Gebrauch. Das reine Chaos also! Der Deutsche Zollverein und der Süddeutsche Münzverein bemühten sich um Ordnung. 1838 vereinbarten sie, dass es im Norden eine einheitliche Talerwährung und im Süden eine einheitliche Guldenwährung geben sollte. Dabei entsprachen dreieinhalb Gulden beim Umtausch zwei Talern. Seit 1838 hatte ein Pfund zudem 500 Gramm. Daraus wurden nun entweder 30 Taler oder 52,5 süddeutsche Gulden hergestellt.

Deutsches Papiergeld

Bereits 1705 hatte eine Kölner Bank die ersten »Zettel« herausgebracht: auf einen Namen ausgestellte Zahlscheine, die den aufgedruckten Wert an Metallgeld hatten. Um 1850 breitete sich dann echtes Papiergeld aus. Das Bezahlen mit einem Geldschein ist nun mal praktischer, als hundert oder tausend Münzen abzuzählen. Bald waren über 50 »Zettelbanken« in Deutschland tätig – auch hier war Ordnung nötig. Um 1900 gab es dann nur noch vier Notenbanken.

Endlich: die Mark

Nach einem gemeinsamen Krieg gegen Frankreich 1870/1871 schlossen sich die nord- und die süddeutschen Staaten zusammen. Seither gab es ein Deutsches Reich, das von preußischen Königen regiert wurde. Jetzt wollten alle auch endlich einheitliches Geld haben! Und dieses Geld sollte sicher sein: Es war durch die Goldreserven der Banken gedeckt. Die neue Reichswährung hieß Mark, die kleinen Geldstücke Pfennige. 100 Pfennige ergaben eine Mark – das ist bis 2001 so geblieben. Bis zum Ersten Weltkrieg blieb diese Goldwährung stabil.

In den 1950er-Jahren konnten sich viele Deutsche wieder etwas leisten.

Mark (ab 1871)

Goldene 20-Mark-Münze von 1872 mit dem Profilbild Kaiser Wilhelms I., König von Preußen.

Reichsmark (ab 1924)

Eichenlaub und Zahl vorne, Adler hinten: die Reichsmark. Ihre Nachfolgerin D-Mark sieht ihr sehr ähnlich.

D-Mark (ab 1948)

Eine Frau pflanzt eine Eiche: Symbol des Wiederaufbaus.

50 Pfennig

Nach 1914: Krieg und Krise

Kriege führen immer dazu, dass das Geld an Wert verliert. Nach dem Ersten Weltkrieg 1914–1918 war Deutschland so verschuldet, dass das Geld einfach nicht mehr reichte. Es kam zur Inflation: Immer neue Banknoten wurden gedruckt, aber es gab nicht genügend Gold, um sie zu decken. So konnte man immer weniger von dem Geld kaufen. Die Zahlen auf den Geldscheinen wurden ständig größer und stiegen schließlich in die Milliarden und sogar Billionen. Im Juni 1923 kostete ein einziges Ei 800 Mark, im Dezember waren es schon unglaubliche 320 Milliarden Mark.

Reichsmark, D-Mark und Ostmark

Dann wurde das wertlose Geld gegen neues ausgetauscht: Die sogenannte Rentenmark ersetzte eine Billion Mark. Ab 1924 hieß das deutsche Geld dann Reichsmark. Die Reichsmark galt in der Weimarer Republik und während der Zeit des Nationalsozialismus. Nach dem 2. Weltkrieg 1939–1945 lag das Land in Trümmern – und das Geld war wieder nichts mehr wert. 1948 wurde die Reichsmark dann durch die Deutsche Mark ersetzt, genannt D-Mark. Für zehn Reichsmark erhielt man eine D-Mark. Diese Währungsreform wurde von den Siegermächten England, USA und Frankreich durchgeführt, die bei Kriegsende die westlichen Zonen Deutschlands besetzt hatten. In der Zone, die von der Sowjetunion besetzt war – der späteren DDR –, wurde eine eigene Währung eingeführt, die erneut einfach Mark hieß. In den 1950ern erlebte das westliche Deutschland ein Wirtschaftswunder und neuen Wohlstand. Die D-Mark wurde zu einer starken Währung.

Land und Währung wiedervereinigt

Bis 1990 war Deutschland in zwei Länder aufgeteilt: die Bundesrepublik Deutschland im Westen und die Deutsche Demokratische Republik, genannt DDR, im Osten. Beide Länder hatten ihre eigene Mark. 1990 kam es zum erneuten Zusammenschluss; seither ist Deutschland wieder ein Land. Als neue gemeinsame Währung galt bis 2001 die westliche D-Mark, bevor schließlich 2002 der Euro eingeführt wurde.

Ab 1963 zeigten die grünen 5-D-Mark-Scheine eine junge Frau nach einem Gemälde von Albrecht Dürer. Seit 1992 war die Dichterin Bettina von Arnim auf den Banknoten abgebildet.

Mauerfall

Mutige Menschen in der DDR stießen die friedliche Revolution an, die dann zur Wiedervereinigung führte. 1989 tanzten Deutsche aus Ost und West vor Freude auf der Berliner Mauer.

So sah die 50-Mark-Banknote der DDR aus.

Sparen und Sammeln

Um ihr kostbares Geld aufzubewahren, waren die Menschen zu allen Zeiten erfinderisch. Sie nutzten Truhen, Dosen, Beutel, Tiere aus Keramik und sogar Strümpfe. Wichtig war und ist ein sicherer Verschluss – und auch für ein gutes Versteck sollte gesorgt sein.

Lederbeutel

Feiner französischer Lederbeutel mit Metallring aus der Zeit der Renaissance.

Lederbeutel – schon früh in Mode

Als Wertsachenbehälter für unterwegs dienten von der Steinzeit bis in die Neuzeit einfache Leder- oder Leinenbeutel. Sie wurden mit einem Lederband zusammengehalten und am Gürtel getragen; schließlich hatte die Kleidung früher keine Taschen. Beispiele kennt man schon aus dem alten Ägypten, von der Gletschermumie Ötzi aus der Jungsteinzeit oder aus dem alten Rom. Von den Beuteln leiten sich viele Begriffe ab, etwa Beutelschneider für einen Dieb oder Ausbeuter.

Schatztruhen

Im Mittelalter und später dienten Truhen mit dicken Eisenbeschlägen als Schatztruhen. Manche von ihnen hatten mehrere Schlösser oder Riegel – die abgebildete Truhe aus Weilheim besitzt sogar neun Riegel. Aufbrechen nahezu unmöglich! Im Inneren gibt es ein weiteres abschließbares Fach. Offenbar wurden hier sehr wertvolle Dinge aufbewahrt.

Geldkatzen

So nannte man Geldbörsen aus Stoff oder Glasperlen, die man am Gürtel trug. Sie bestanden aus einem langen Schlauch, der mit verschiebbaren Ringen zusammengehalten wurde. Oft waren die Geldkatzen kostbar verziert. Mit Katzen hatten sie nichts zu tun; ihr Name geht auf das arabische Wort »chazza« für Beutel zurück.

Schatz

Zum Schutz vor Diebstahl vergraben: Dieser Schatz wurde 1998 in Erfurt gefunden. Er umfasst 3 100 Silbermünzen, Barren, Schmuck und Gefäße aus dem Mittelalter.

Über 4 000 Jahre alt: eine Ledertasche aus Profen, besetzt mit Hundezähnen

Funny Fact

Cooles Versteck!

Angeblich verstecken viele Menschen Geld unter ihrer Matratze. Aber der neueste Trend ist frisches Geld aus dem Kühlschrank! Vor allem das Gefrierfach dient häufig als Geldversteck, denn dort sucht wohl kaum ein Dieb!

Geldbeutel früher und heute

Bestickte Geldbeutel kamen im 15. Jahrhundert in Gebrauch. Noch im 19. Jahrhundert waren sie ein modisches Accessoire feiner Damen. Moderne Geldbörsen können verschiedenste Fächer, Verschlüsse und Verzierungen haben. Sie werden auch Brieftasche oder Portemonnaie genannt, was aus dem Französischen wörtlich übersetzt »Geldträger« bedeutet. Sie bestehen aus den unterschiedlichsten Materialien, überwiegend aber aus Leder, Stoff oder Kunststoff. Meist sind sie eckig und flach, da vor allem Scheine und Plastikkarten darin aufbewahrt werden; es gibt aber auch runde und dickere Formen.

Spardosen

Spardosen gibt es seit der Antike. Sie hatten anfangs Tempel- oder Vasenform und bestanden meist aus Keramik. Im Mittelalter benutzte man Eisenkästchen und Dosen. Spätestens um 1300 gab es Sparschweine aus Ton. Denn Schweine waren damals wertvoller Besitz und galten als Glücksbringer. Auch andere Tiere dienten als Vorbilder für Spardosen, etwa Huhn, Biene oder Marienkäfer.

Dieses Sparschwein aus dem Mittelalter war leider leer, als man es fand.

Geldsäcke

Geldsäcke waren ganz normale Säcke, die von Kaufleuten und Banken benutzt wurden, um große Mengen an Geld zu transportieren. Daraus ging später das Schimpfwort »Geldsack« für einen sehr reichen Mann hervor.

Tresorraum

Tonnen von Stahl schützen den Inhalt dieser Schließfächer. Sicherer geht's nicht!

Geld auf Reisen

Gefunden 2015 im Meer vor Florida: Diese 350 Goldmünzen stammen von einem 1715 gesunkenen spanischen Schiff.

Von Anfang an war Geld unterwegs. Den Griechen diente es zum Aufbau ihres Handels rund ums Mittelmeer und bewirkte ihre Wirtschaftsmacht. Von den Römern wurde es in Kolonien wie Gallien oder Spanien geschickt, um die dortigen Soldaten mit heimischen Denaren zu bezahlen. Beim Handel mit Britannien, Indien oder Nordafrika kam römisches Geld weit herum. Später, im Mittelalter, reiste europäisches Geld ins Heilige Land und die geschätzten Goldmünzen der Araber kamen nach Europa.

Messen und Märkte

Besonders reisefreudig war das Geld der italienischen Handelsstädte Genua, Pisa, Florenz und Venedig: Italienische Kaufleute transportierten Waren von und nach Nordeuropa, Frankreich, Nordafrika, Griechenland, Asien und Russland. In der französischen Champagne, in Genf und Frankfurt besuchten sie Messen, später unterhielten sie Handelsstützpunkte im belgischen Brügge. Dazu brauchten sie viel Geld, das so auch in entfernten Ländern in Umlauf kam.

Schwere Ladung

Bevor es Papiergeld gab, mussten Händler und Reisende Münzen transportieren. Dabei ging es oft um große Mengen – und entsprechend um ein großes Gewicht. Die Münzen wurden in Tontöpfen oder Holztruhen gelagert. Bestimmt wurden sie gut bewacht. Aber es blieb immer ein hohes

Schon gewusst?

Die größten Funde mittelalterlicher englischer Münzen stammen nicht etwa aus Großbritannien, sondern aus Nordeuropa, wo die gefürchteten Wikinger lebten. Die erpressten nämlich in England große Summen an Münzgeld. Als Gegenleistung für dieses sogenannte Danegeld überfielen sie England seltener.

Das wohlbehaltene Eintreffen der Handelsschiffe entschied in italienischen Hafenstädten für viele über Reichtum oder Ruin.

Ausgestattet mit einem dicken Bauch für Waren von 70–80 Tonnen und einem großen Hauptsegel: die Kogge, der leistungsstarke Handelsschiffstyp der Hanse (1). Im 14. Jahrhundert prägten Hansestädte den Witten, eine Silbermünze im Wert von vier Pfennigen (2).

Risiko: Schiffe konnten sinken oder Piraten zum Opfer fallen. Und auch auf dem Landweg gab es Räuber, die am Straßenrand auf Geldtransporte lauerten. Da musste eine Lösung her!

Der Wechsel kommt

Es kam zu einer genialen Erfindung: Der sogenannte Wechsel ersparte den Händlern das Verschicken von Geld. Es handelte sich dabei um eine Art Schuldschein, der dazu diente, Waren und ihre Bezahlung gegeneinander zu verrechnen. Wer etwas bezahlen musste, konnte sich mit dem Wechsel schriftlich verpflichten, dies an einem bestimmten Ort zu einem bestimmten Zeitpunkt zu tun. Er beauftragte dann einen Geschäftspartner an dem fernen Ort, das Geld in der dortigen Währung an den Empfänger der Zahlung auszuzahlen. Dafür musste der jeweilige Kaufmann natürlich glaubwürdig sein.

Die Hanse

Im Norden beherrschte die Hanse den Handel. Ursprünglich war sie ein Zusammenschluss von Kaufleuten aus Städten rund um die Ostsee: Sie organisierten gemeinsame Transporte, bauten Handelswege und Stützpunkte aus und teilten sich die Kosten dafür. Dann schlossen sich ganze Städte an. Sie lebten vor allem vom Handel und wurden sogar von einem Rat von Kaufleuten regiert. Zur Blütezeit der Hanse zwischen dem 14. und 16. Jahrhundert waren etwa 200 Handelsstädte an ihr beteiligt. Als Hauptstadt galt Lübeck. Die Hanse erhielt vom Kaiser sogar das Münzrecht und prägte ab 1356 ihr eigenes Geld, den Witten. Durch den regen Handel der Hanse mit anderen Ländern fand der Witten weite Verbreitung.

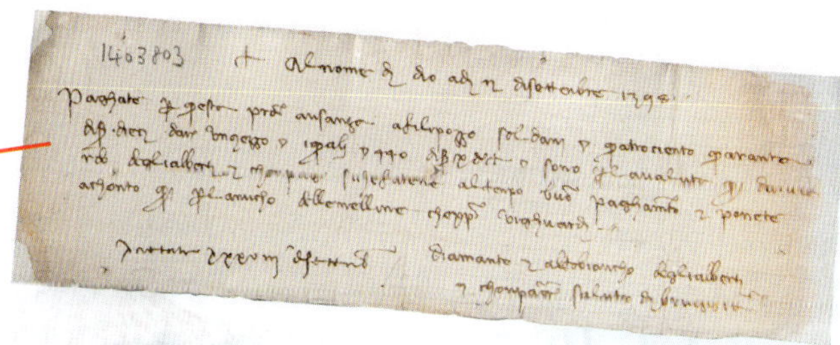

Wechsel

Ausgestellt 1398 von den Brüdern Alberti, die in Brügge Handel mit Orten am Mittelmeer betrieben.

1 Kaufmann

Durch den Handel mit Gewürzen, Stoffen, Wein und Salz konnte er sehr reich werden.

2 Geldgeber

Er lieh Kaufleuten Geld für den riskanten Fernhandel. Darüber hinaus tauschte er fremdes in einheimisches Geld um und stellte Wechsel aus oder löste sie ein.

3 Händler

Direkt am Hafen kauften Kleinhändler den großen Kaufleuten Waren ab, um sie auf Märkten in der Nähe anzubieten. Wer früh dran war, hatte die beste Auswahl.

4 Weitertransport

Auf Booten wie dieser Gondel wurden die Waren vom Hafen zu Kunden oder in ein Lager gebracht.

Lautstark wurde Werbung für die neu angekommenen Waren gemacht.

Blick in eine Bank in Florenz im Jahr 1490: Münzen werden geprüft und gezählt, Wechsel ausgegeben und Bücher über die Kundenkonten geführt.

Vorläufer der Banken waren Schatzhäuser wie dieses in Delphi. Hier bewahrten die Griechen Gaben für die Götter auf.

Die ersten Banken

Ursprung der Banken sind die antiken Tempel, also religiöse Stätten. Bei den Sumerern lagerten Gold und Silber dort. Darüber bestimmten die Priester. Sie setzten Preise fest und organisierten Märkte in den Höfen der Tempel. Waren wurden gegen eine bestimmte Menge an Edelmetall getauscht. Dieses wurde jedoch nicht herausgegeben, sondern sein Wert wurde auf einem Tontäfelchen festgehalten. Der Verkäufer der Ware erhielt somit einen Schuldschein aus Ton, nicht aber Gold oder Silber. Sein Vermögen blieb also im Tempel liegen – ähnlich wie heute auf dem Konto bei einer Bank.

Geldspezialisten gesucht

Die eigentlichen Banken entstanden im 12. und 13. Jahrhundert in Oberitalien, vor allem auf dem Gebiet der Lombardei. Dort gab es viele Kaufleute, die Unterstützung in verschiedener Hinsicht brauchten.

1. **Geldprüfung:** Welche der vielen fremden Münzen aus Europa und dem Orient waren echt und welche nicht?
2. **Umrechnung:** Wenn die Münze echt war: Was war ihr Wert im Vergleich zu einem örtlichen Geldstück?
3. **Geldverleih:** Für ihre riskanten Geschäfte brauchten die Kaufleute viel Kapital, also Geld. Das mussten sie sich oft bei den Banken leihen.
4. **Aufbewahrung:** Wer Geld hat, legt es gerne an einen sicheren Ort. Bei den Banken war das Geld sicher.
5. **Buchführung:** Die Banken zeichneten Einnahmen und Ausgaben der Kaufleute auf. So hatten diese einen guten Überblick über das eigene Vermögen.
6. **Überweisungen:** Mit einem Bankkonto konnte man Überweisungen vornehmen: Man wies die Bank an, einer bestimmten Person einen bestimmten Betrag auszuzahlen.
7. **Wechsel:** Sobald die Banken in verschiedenen Städten Stützpunkte hatten, ermöglichten sie das bargeldlose Bezahlen über weite Entfernungen hinweg: Man gab einem Geschäftspartner einen Wechsel, den dieser woanders in der Bank einlösen konnte.

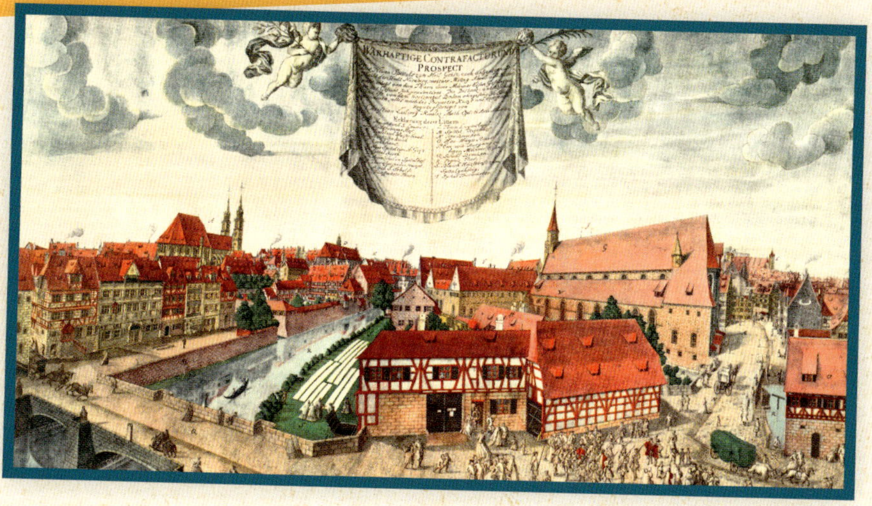

Die Stadt Nürnberg war durch Textilherstellung, Eisenabbau und Eisenverarbeitung sowie einen gut organisierten Fernhandel reich geworden. Nürnberger Kaufmannsfamilien handelten bis Brügge, Krakau, Prag, Budapest und Venedig. Da lag es nahe, nach dem Vorbild der Medici auch Banken zu gründen.

Bank und Macht

Im 13. Jahrhundert erlebte das Bankenwesen in Italien einen Aufschwung. Besonders in Florenz wurden viele durch das Geschäft mit dem Geld reich. Das wichtigste Beispiel ist die Familie der Medici, die auch Tuch- und Seidenfabrikanten waren. Durch ihre Bankgeschäfte kamen sie zu so viel Reichtum, dass sie erst zu Geldgebern für Herrscher und schließlich selbst zu Herrschern aufstiegen. Jahrhundertelang bestimmten die mächtigen Medici die Geschicke von Florenz. Sie unterhielten Banken in ganz Europa. In der Mitte des 14. Jahrhunderts entstanden in Nürnberg dann die ersten Banken nördlich der Alpen. Ihr größter und wichtigster Kunde war niemand Geringerer als Kaiser Karl IV.

Wucherer

Private Geldverleiher nannte man Wucherer: Ihr Vermögen wuchs an, wucherte sozusagen. Aus Sicht der christlichen Kirche waren Geldgeschäfte unredlich. Es galt als Sünde, dafür Geld zu verlangen, dass man anderen etwas lieh – also Zinsen zu nehmen. Deshalb waren Geldverleiher im Mittelalter oft Juden, denn für sie galt das religiöse Verbot nicht. Sie hatten auch wenig andere berufliche Möglichkeiten, weil es ihnen untersagt war, ein Handwerk auszuüben. Dennoch nahmen es viele Christen den Juden immer wieder übel, wenn diese durch den Geldverleih reich wurden. Und das, obwohl auch christliche Geschäftsleute Geld gegen Zinsen verliehen.

Wie gewonnen, so zerronnen

Als Geldgeber für Kaufleute, Herrscher und sogar Päpste finanzierten die Banken weltweiten Handel, Kriege und Kreuzzüge. Das bescherte ihnen politischen Einfluss. Aber ihre Geschäfte waren oft so riskant, dass sie häufig große Summen nicht zurückerhielten. Auf diese Weise gingen im Laufe der Geschichte immer wieder Banken zugrunde. Im 14. Jahrhundert brach sogar das gesamte italienische Bankwesen zusammen. Wenn eine Bank zahlungsunfähig wird, nennt man das seit damals bankrott – nach dem italienischen Begriff für »kaputte Bank«: »banco rotto«.

Schon gewusst?

Das Wort »Bank« stammt von den Tischen, an denen die Geldwechsler ihre Münzen aufhäuften. Auf Italienisch wurden diese »banca« oder »banco« genannt.

Lorenzo de' Medici der Ältere und sein Bruder Cosimo machten die Medici-Bank um 1430 zu einer der größten Banken in Europa.

Das deutsche Gegenstück zu den Medici war die Familie Fugger aus Augsburg. Sie besaß Bergwerke, handelte mit Stoffen, Getreide und Gewürzen – und sie betrieb erfolgreich eine Bank. Im 16. Jahrhundert war sie Geldgeber für Könige und Kaiser.

Moderne Banken

Banken haben heute ähnliche Aufgaben wie vor Jahrhunderten: Sie bewahren das Geld von ganz normalen Leuten und von Unternehmen auf. Auch jede Schule, jeder Verein, jede Stadt und jedes Land hat Konten bei einer oder mehreren Banken. An ihre Kunden vergeben die Banken Kredite, das heißt, sie leihen ihnen Geld – natürlich gegen Zinsen. Außerdem führen sie die Konten ihrer Kunden: Sie sorgen für Zahlungen und halten fest, wann wie viel Geld auf das Konto eingegangen ist. Dafür nehmen die Banken oft Gebühren.

Alles nur elektronisch?

Der große Unterschied zu früher: Die meisten Zahlungen finden heute nur noch im Computer statt. Kaum jemand bezahlt seine Miete oder die Telefonrechnung mehr mit Bargeld. Seit den 1960er-Jahren erhalten die meisten Menschen ihr Gehalt bereits als Überweisung auf ihr Konto. Konten, die nicht zum Sparen da sind, sondern auf denen viele Geldeingänge und Abbuchungen stattfinden, nennt man Girokonten, vom Italienischen Wort »giro« für Rundreise, Umlauf. Geld auf einem Konto ist eine reine Rechengröße. Solches Geld, das man nicht anfassen kann, nennt man Buchgeld, virtuelles Geld oder auch immaterielles Geld.

Geld zum Anfassen

Dennoch verfügen die Banken über große Mengen an echtem Geld. Denn noch immer werden zum Einkaufen Scheine und Münzen benutzt. Auch Taschengeld wird meist in bar ausgezahlt. Es ist dem Kunden einer

Früher zahlte man Geld immer am Bankschalter ein oder hob es dort ab (1). Im Sparbuch aus Papier, inzwischen aus der Mode, werden Ein- und Auszahlungen und die Zinsen vermerkt (2). Mit einem Scheck geht der Empfänger zur Bank des Ausstellers und lässt sich die eingetragene Summe auszahlen. Heute ist das unüblich (3). Heutzutage geht man zum Geldautomaten (4). Viele nutzen zudem Online- oder Mobilebanking per Computer, Smartphone oder Tablet (5).

Bank jederzeit möglich, mit einer entsprechenden Karte Geld vom eigenen Konto abzuheben. Vor einigen Jahren ging man dazu noch in die Bank hinein und bekam das Geld an einem Schalter von einem Bankangestellten ausgezahlt. Inzwischen haben sich aber Geldautomaten durchgesetzt, die überall zu finden sind – auch da, wo keine Bankfiliale steht.

Nicht ganz ohne Menschen

Menschen werden trotzdem gebraucht in den Banken: Sie entscheiden über die Vergabe von Krediten oder beraten, wenn jemand Geld anlegen will. Das geschieht etwa, wenn man Geld übrig hat und es vermehren möchte. Die Banken geben dann Tipps, ob man Aktien, also Anteile an Unternehmen in Form von Wertpapieren kaufen sollte oder ob es sich lohnt, Geld in bestimmte Projekte zu investieren. Auch die Geldautomaten funktionieren nicht ohne Menschen: Sie müssen gewartet und gereinigt werden – und wenn sie fast leer sind, werden sie neu befüllt. Das übernehmen Mitarbeiter von sogenannten Werttransportunternehmen. Sie fahren mit gepanzerten Fahrzeugen von Geldautomat zu Geldautomat und füllen Geldscheine nach.

Was macht die Bank mit dem Geld?

Geld liegt in den Banken nicht einfach herum. Es wird verliehen und investiert: Wenn eine Privatperson ein neues Auto oder ein Haus kaufen will, kann sie sich dafür Geld bei der Bank leihen; sie bekommt einen Kredit. Auch Unternehmen können Kredite bei einer Bank aufnehmen. Außerdem investiert die Bank in Projekte, von denen sie sich einen Gewinn verspricht. Das können neue Erfindungen und Technologien sein, Einkaufszentren, Wohnsiedlungen oder landwirtschaftliche Projekte.

Das Bankenviertel in Frankfurt am Main: Hier reihen sich die Wolkenkratzer aneinander.

Bulle
Symbol für dauerhaft steigende Kurse, auch Bullenmarkt genannt.

Bär
Er steht für dauerhaft sinkende Kurse.

Die Börse: von Kurs und Krach

Erfinder der Aktie waren zwei Schifffahrtsgesellschaften des 17. Jahrhunderts: die britische East India Company und die niederländische Vereinigte Ostindien-Kompanie. Sie prägten auch eigene Münzen.

Tulpomania
Kaum zu glauben: Von 1620 bis 1637 war die Tulpenzwiebel in den Niederlanden ein gefragtes Handels- und Spekulationsobjekt.

Die Börse ist eine Art moderner Marktplatz, auf dem sich die Preise ständig ändern. Hier werden aber weder Gemüse noch Stoffe verkauft, sondern Wertpapiere, vor allem Aktien und Anleihen.

Die Nachfrage macht den Preis

Die Preise für die gehandelten Wertpapiere stehen nicht fest, sondern hängen von der Nachfrage ab. Etwa so, als ob ein Bäcker das beste Brot der Gegend hat. Viele Kunden wollen dieses Brot kaufen. So kann der Bäcker höhere Preise festsetzen als die Konkurrenz und bekommt sein Brot trotzdem los. Wenn sich aber herumspricht, dass die Brote des Bäckers schlechter werden, bleiben ihm die Kunden weg. Dann sollte er mit dem Preis heruntergehen. Ähnlich funktioniert der Handel mit Wertpapieren.

Käufer und Verkäufer

Jeder kann an der Börse handeln. Denn Geld verdient der Anleger hier dadurch, dass er Wertpapiere günstig einkauft und teurer wieder verkauft. Um Käufer und Verkäufer miteinander in Kontakt zu bringen, wurden die Börsen geschaffen. Früher gab es richtige Papiere, die man dort bekam und später wieder weitergab. Heute geschieht das alles elektronisch, also am Computer. Für die an der Börse abgewickelten Geschäfte gibt es feste Regeln und Kontrollen.

Crash
Am 24.10.1929 brachen die Kurse an der Börse in New York stark ein. Viele Anleger verloren ihr ganzes Geld.

Die New York Stock Exchange, oft auch nach ihrer Adresse Wall Street genannt, ist die weltweit größte Börse für Wertpapiere.

Früher normal, heute nur noch zu bestimmten Terminen: hektisches Gewusel.

Aktienhändler sitzen heute vor Monitoren und beobachten Kurse, um schnell mit Käufen oder Verkäufen reagieren zu können.

Börse früher

Grundlage des Wertpapierhandels waren die Wechsel. Im Mittelalter nahm ihr Gebrauch immer mehr zu. Sie wurden nicht nur direkt eingelöst, sondern auch weiterverkauft. Dafür wurde ein Ort benötigt. Die erste Wechselbörse wurde 1409 in Brügge eröffnet; 1531 erhielt sie ein eigenes Gebäude. Im 16. Jahrhundert entstanden auch Börsen in deutschen Handelsstädten. Ab 1585 setzte sich die Börse in Frankfurt am Main als wichtigste deutsche Börse durch. Das ist bis heute so geblieben.

An der Börse kracht's

Der berühmteste Börsencrash geschah am sogenannten Schwarzen Donnerstag 1929, in Europa auch als Schwarzer Freitag bekannt. An der New Yorker Börse kam es zu Panik: Massen von Aktionären verkauften überstürzt ihre Aktien, weil diese rasant an Wert verloren hatten. Der ganze Wertpapierhandel brach zusammen, weil Angebot und Nachfrage nicht mehr in Einklang gebracht werden konnten. Millionen von Menschen verloren Vermögen, Arbeit und Besitz. Die Auswirkungen waren weltweit zu spüren, es kam zur Weltwirtschaftskrise. Später gab es weitere Crashs in den Jahren 1997, 2000 und 2008. Zum Glück erholte sich die Wirtschaft aber immer wieder.

Unglaublich!

In New York gab es anfangs kein Gebäude für den Aktienhandel. Die Geschäftsleute trafen sich im Freien unter Bäumen – in der Nähe von Wall Street 11, wo heute das Börsengebäude steht.

Das kleine Börsen-ABC

Aktie: Anteil an einem Unternehmen. Manche Unternehmen sind Aktiengesellschaften; sie teilen ihr Kapital in kleine Portionen ein und verkaufen diese als Aktien. Macht das Unternehmen größere Gewinne, steigt meist auch der Wert der Aktie.
Aktionär: Besitzer von Aktien.
Anleihe: Schuldbrief, den Städte, Länder oder auch Unternehmen ausgeben, um an Geld zu kommen. Privatleute leihen ihnen dann Geld und bekommen dafür Zinsen. Der Herausgeber der Anleihe verpflichtet sich außerdem, einen bestimmten Geldbetrag zu einem festgelegten Zeitpunkt mit Zinsen zurückzuzahlen.
Dividende: Meist geben Aktiengesellschaften jährlich einen Teil der Gewinne an die Aktionäre weiter, zahlen also Geld an sie aus. Das nennt man Dividende ausschütten.
Dow-Jones-Index: 1884 von Charles Dow und Edward Jones geschaffene Übersicht über die Entwicklung der Aktienkurse an der New Yorker Börse. Weltweit gibt es heute viele solcher Marktbarometer, etwa den DAX in Deutschland oder den Nikkei-Index in Japan.
Emittenten: Herausgeber von Anleihen oder auch von Aktien, also ein Unternehmen, eine Stadt oder ein Land.
Kurs: An der Börse wird für jede Aktie genau verzeichnet, wie viel sie gerade kostet und wie viele es davon gibt. Ihr Wert ändert sich fortlaufend, je nachdem, wie die Stimmung am Markt ist. Bei großer Nachfrage steigt die Aktie im Kurs, also im Wert.

Geld im Wandel der Zeit

Steingeld

um 8000

Die Menschen der Steinzeit tauschten Vieh, Weizen und besondere Steine.

Silber

um 2000

Die Sumerer bezahlten mit Silberklumpen und setzten Silberzahlungen als Strafen für Verbrechen ein. Auf der Stele des Königs Hammurapi sind solche Geldstrafen verzeichnet.

Kaurigeld

ab 1200

Rund um den Pazifik benutzte man Kaurischnecken als Zahlungsmittel. In manchen Gegenden Afrikas waren sie bis ins 20. Jahrhundert in Gebrauch.

Münzen

um 650

Die Lyder in Kleinasien erfanden das Münzgeld. Die ersten Münzen waren oval und bestanden aus Elektron, einer Mischung aus Gold und Silber.

Griechen

um 550

In Lydien und Griechenland wurden die ersten reinen Gold- und Silbermünzen geprägt. Es gab nun feste Regeln dafür.

Altes Rom

343

In Rom gab es eine zentrale Münzstätte. Dort wurde ab 211 v. Chr. der silberne Denar geprägt, die erste Weltwährung.

Alexander der Große

336-323

Er eroberte die Welt und ließ als erster Mensch sein Bildnis auf Münzen prägen.

Kelten

um 300-0

Die Kelten prägten kleine, schüsselförmige Münzen. Später wurden sie »Regenbogenschüsselchen« genannt, denn man fand sie oft nach Regen auf gepflügten Feldern.

◀ v. Chr. 0 n. Chr. ▶

Pfennig

760

Der Frankenkönig Pippin II. führte den silbernen Pfennig ein. Sein Sohn, Kaiser Karl der Große, machte die Münze dann um 800 zur ersten europäischen Währung.

Banken

ab 1150

Kaufleute in Oberitalien gründeten die ersten Banken und Handelshäuser.

Hanse

1350-1550

Die Hanse erlebte ihre Blütezeit. Ihr eigenes Geld hieß Witten.

ab 1352

Goldmünzen

Florenz, Venedig, Genua und andere Handelsstädte prägten wertvolle Goldmünzen wie Fiorino, Dukat und Genovino.

um 1500

Taler

Die Spanier brachten Silber aus Südamerika mit; auch in Europa wurde neues Silber entdeckt. Nun wurden in vielen Ländern silberne Taler geprägt.

1613

Börse

Nach Vorläufern in Brügge erfolgte die Eröffnung der Börse von Amsterdam. Dort wurden erstmals die 1602 erfundenen Aktien gehandelt.

1661

Papiergeld in Europa

Die Bank von Stockholm in Schweden gab die ersten Banknoten heraus: Das war der Beginn des Papiergeldes in Europa. Andere europäische Banken zogen nach. In China gab es schon seit dem 10. Jahrhundert Geldscheine.

1773

Maria-Theresia-Taler

Benannt nach der 1740–1780 regierenden Kaiserin, wurde er 1773 erstmals geprägt. Er war weitverbreitet und wurde noch lange nach ihrem Tod hergestellt. Im Jemen war er sogar bis 1962 in Gebrauch.

1922/23

Inflation

Schlimme Inflation in Deutschland. Danach wurde die Rentenmark eingeführt, um die Währung wieder stabil zu machen.

1929

Schwarzer Donnerstag

Der Börsencrash am 24. Oktober 1929 in der New Yorker Wall Street führte zur Weltwirtschaftskrise. Es sollte nicht der einzige Crash bleiben: Auch 1997, 2000 und 2008 brachen die Kurse stark ein.

1950

Bargeldlos

Die erste Kreditkarte der Welt hieß Diners Club. Mit ihr begann der Siegeszug des modernen bargeldlosen Zahlens.

Hier macht Schauspieler Danny Kaye Werbung für die Kreditkarte.

1967

Geldautomat

Der erste Geldautomat wurde in der Nähe von London aufgestellt.

2002

Euro

Der Euro wurde eingeführt. Seit 1999 galt er bereits als Rechengröße.

2009

Bitcoin

Der Bitcoin trat auf den Plan, die erste rein digitale Währung. Später folgten Ethereum, Ripple, Litecoin und andere.

2017

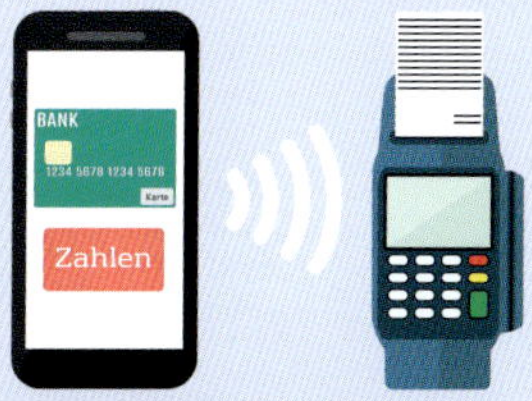

Alles digital?

Kontaktloses Zahlen nimmt zu. Die Abschaffung des Bargeldes wird diskutiert.

Isländische Krone

Die Münzen zeigen Bilder von Schutzgeistern und Meerestieren. Auf den Banknoten sieht man isländische Persönlichkeiten.

Kanadischer Dollar

100 Cent ergeben einen kanadischen Dollar. Die Münzen und Scheine tragen englische und französische Aufschrift.

Geld der Welt

Weltweit gibt es gut 160 offizielle Währungen. Die meisten Staaten haben ihr eigenes Geld, andere haben sich zu Währungsunionen zusammengeschlossen. Einige Währungen findest du hier kurz vorgestellt.

US-Dollar

In Cent unterteilt. Die Vorderseiten der Münzen und Banknoten zeigen US-Präsidenten, die Rückseiten meist den Weißkopfseeadler als Wappentier der USA oder wichtige Gebäude.

Ägyptisches Pfund

Es ist in Piaster unterteilt. Banknoten und Münzen zeigen Objekte der ägyptischen Geschichte.

Mexikanischer Peso

Die Banknoten zeigen historische Persönlichkeiten und Ereignisse. Die Münzen sind zweifarbig.

Argentinischer Peso

Auf den Banknoten sind historische Persönlichkeiten zu sehen. Die Währung musste schon einige Inflationen mitmachen.

Brasilianischer Real

Auf den Münzen und Scheinen ist vorne die Efigie abgebildet, die Symbolfigur Brasiliens.

Chilenischer Peso

Wie alle Pesowährungen ist auch der Chilenische Peso in 100 Centavos unterteilt.

Dänische Krone

Eine Besonderheit der Münzen ist das Loch in der Mitte. Die Banknoten zeigen Brücken, Landschaften und archäologische Funde.

Schwedische Krone

Unterteilt in Öre. Die Münzen zeigen Könige und das Staatswappen, die Banknoten vor allem Künstler und Künstlerinnen.

Astrid Lindgren

Złoty

Polens Währung ist in Groszy unterteilt. Die 2- und 5- Złoty-Münzen sind zweifarbig wie die Euromünzen. Könige und Adelige zieren die Banknoten.

Rubel

Er gilt in Russland und ist in Kopeken unterteilt. Die Scheine zeigen Gebäude.

Yen

Auf den japanischen Banknoten sind historische Persönlichkeiten abgebildet. Die Münzen sind teilweise gelocht.

Türkische Lira

Münzen wie Scheine zeigen den Begründer der türkischen Republik Mustafa Kemal Atatürk.

Renminbi Yuan

Die chinesischen Geldscheine zeigen den Politiker Mao Zedong.

Saudi-Riyal

Saudi-Arabiens Währung ist unterteilt in Qurusch und Halala.

Indonesische Rupiah

Es gibt Scheine bis zu 100 000 Rupiah, weil der Wert der Währung stark gesunken ist.

Indische Rupie

Auf den Banknoten ist der Freiheitskämpfer Mahatma Gandhi zu sehen.

Südafrikanischer Rand

Die Geldscheine zeigen den Politiker Nelson Mandela und afrikanische Wildtiere.

Australischer Dollar

Eine der am meisten gehandelten Währungen weltweit, unterteilt in Cent.

Namibia-Dollar

Unterteilt in Cent. Politiker und afrikanische Tiere zieren die Banknoten.

Währungsunionen Afrikas: *Die Westafrikanische und die Zentralafrikanische Währungsunion mit den CFA-Francs BCEAO und BEAC.*

Eurozone: *20 Staaten der Europäischen Union haben den Euro als offizielle Währung eingeführt.*

Wichtig für den Welthandel sind der Euro (1), der US-Dollar (2), der Japanische Yen (3), das Britische Pfund (4) und der Schweizer Franken (5).

Große Währungen

Die fünf größten und für die Wirtschaft wichtigsten Währungen der Welt sind der US-Dollar, der Euro, das Britische Pfund Sterling, der Japanische Yen und der Schweizer Franken. Als noch die Deutsche Mark existierte, zählte auch sie zu den stärksten und stabilsten Währungen der Welt.

Pfund

Seit 1952 zeigen die britischen Münzen Königin Elisabeth II. und Teile des britischen Wappenschildes.

Die älteste Währung der Welt

Das Britische Pfund Sterling (Englisch: Pound) ist etwa 1 200 Jahre alt: Es ging zur Zeit Karls des Großen aus der römischen Gewichtseinheit Libra hervor. Daher wird es mit einem L abgekürzt, geschrieben £. Die Untereinheit des Britischen Pfunds ist der Penny. Der Namenszusatz Sterling bezieht sich auf die Qualität des Silbers: Pennymünzen waren früher aus besonders hochwertigem Silber. Ab 1816 war das Britische Pfund die weltweit begehrteste Währung. Es galt als besonders sicher, weil Großbritannien politisch erfolgreich war; viele Länder bewahrten ihre Geldreserven in Pfund Sterling auf. Nach dem Zweiten Weltkrieg übernahm der US-Dollar diese Rolle.

Starkes Geld: der US-Dollar

Star unter den Währungen ist der US-Dollar. Er wird fast überall auf der Welt als Zahlungsmittel akzeptiert – und das oft lieber als die eigene, nationale Währung. Dieser Höhenflug begann 1914–1918, als die europäische Wirtschaft durch den Ersten Weltkrieg stark geschwächt wurde. Anschließend waren die USA wichtigster Geldgeber für Europa und zugleich Vorreiter in technischen Erfindungen. Mit dem

Im Militärstützpunkt Fort Knox lagert ein großer Teil der Goldvorräte der USA.

Die Königin überall

Auch die Banknoten ziert das Bildnis Elisabeths II. Es wird immer wieder aktualisiert.

Schweizer Franken

Die Münzen zeigen hinten die Figur der Helvetia, Symbolfigur der Schweiz, oder den Kopf der Libertas, der Freiheit.

Verkauf von Autos, Motorrädern, Staubsaugern, Plattenspielern und Coca-Cola® in alle Welt wurde das Land reich und der Dollar entwickelte sich zur stärksten Währung.

Maßstab für alle

1944 wurde auf einer Konferenz im US-amerikanischen Ort Bretton Woods der Dollar zur weltweiten Leitwährung bestimmt: Alle anderen Währungen orientierten sich nun an ihm und gaben ihren Wert in US-Dollar umgerechnet an. Man legte Wechselkurse fest, um international Geld umzurechnen oder umzutauschen. Um die Währungen abzusichern, wurden die Weltbank und der Internationale Währungsfonds IWF gegründet. Die Vereinbarungen von Bretton Woods galten bis 1973; Weltbank und IWF wachen bis heute über den Welthandel und vergeben Kredite an finanzschwache Länder.

Wertvoll: der Schweizer Franken

Seit 1850 gibt es den Schweizer Franken als Nationalwährung, unterteilt in 100 Rappen. Der Franken löste den Batzen ab und gilt auch im Fürstentum Liechtenstein. Da die Schweizerische Eidgenossenschaft wirtschaftlich stark ist, zählt der Franken zu den wichtigsten Währungen der Welt. Der 1 000-Franken-Schein ist eine besonders kostbare Banknote: Er entspricht etwa 920 Euro. Nur die 10 000-Dollar-Note aus Brunei ist noch mehr wert. Auch die 5-Franken-Münze, die etwa 4,60 Euro entspricht, ist für Münzgeld ziemlich wertvoll.

Der Yen – stark durch Technik

Seit 1870 gibt es den Japanischen Yen, unterteilt in Sen und Rin. Der Name Yen leitet sich vom chinesischen Wort »Yuan« ab, was »runde Dinger« bedeutet. Ab 1950 stieg Japan zu einer bedeutenden Industrienation auf: Produkte aus Elektroindustrie, Mikroelektronik, Optik und Automobilbau werden seither in alle Welt exportiert. Die Börse in Tokio zählt heute zu den wichtigsten der Welt.

Schon gewusst?

Im 18. Jahrhundert prägten die Nordamerikaner keine eigenen Münzen, sondern benutzten spanische Dolaros aus südamerikanischem Silber. Auf deren Rückseite waren zwei Säulen abgebildet, umschlungen von einem S-förmigen Spruchband. Dies war Vorbild für das Dollarzeichen $.

Yen

Die Yenmünzen sind teilweise gelocht und tragen Bilder asiatischer Pflanzen.

Tokio, die Hauptstadt Japans, ist ein wichtiges Handelszentrum.

Geldherstellung heute

Das runde Gipsmodell (rechts) wird mit Spezialkameras eingelesen.

Münzgeld

Bis heute entstehen Münzen, indem man kleine Metallscheiben zwischen zwei Stempeln prägt. Ein entscheidender Unterschied zu früher sind jedoch die modernen Maschinen. Vom Entwurf bis zur fertigen Münze ist es ein langer Weg:

1. Eine Künstlerin oder ein Künstler zeichnet Schrift und Bild. Nach diesem Entwurf wird ein großes Modell aus Gips oder Harz angefertigt.
2. Ein Computer tastet das Gipsmodell ab und liest jede Einzelheit ein.
3. Eine computergesteuerte Maschine graviert das gewünschte Bild in richtiger Größe in Metall. So entsteht die sogenannte Matrize, der Urprägestempel. Es gibt eine für die Vorderseite und eine für die Rückseite. Diese Stempel sollen sich nicht abnutzen. Sie dienen nur als Vorlage für die eigentlichen Prägestempel.
4. Mehrfach werden die beiden Matrizen auf andere Stempel übertragen, bis Hunderte von Arbeitsstempeln zur Verfügung stehen. Sie tragen das Münzbild seitenverkehrt.
5. Aus dem gewünschten Münzmetall werden Platten gegossen und zu Blechen in der richtigen Stärke ausgewalzt.
6. Eine Maschine stanzt aus diesem Blech die Rohlinge, auch Schrötlinge oder Ronden genannt. In der Stauchmaschine erhalten sie einen erhöhten Rand. Dann werden sie zur Prägemaschine transportiert.
7. Die Rohlinge werden in der Münzpresse auf Vorder- und Rückseite geprägt. Moderne Pressen schaffen Zehntausende von Münzen pro Minute! Am Schluss wird auch der Rand geprägt. Bei Münzen aus zwei verschiedenen Metallen werden Rand und Mitte einzeln geprägt und erst später zusammengefügt.
8. Nun werden die Münzen sorgfältig geprüft. Und dann: Ab in die Verpackung aus Papier oder Folie! So kommen sie später bei der Bank an.

Matrize

Grundstoff des Banknotenpapiers ist Baumwolle.

Geldscheine

Papiergeld wird in Wertpapierdruckereien hergestellt. Jede Druckerei hat ihre eigenen Techniken und viele Details sind geheim. Im Großen und Ganzen läuft der Banknotendruck aber so ab:

Auf das Banknotenpapier wird eine glänzende Sicherheitsfolie aufgebracht.

1. Eine Papierfabrik stellt einen speziellen Bedruckstoff für Banknoten her. Meist wird ein sogenanntes Substrat aus Baumwolle verwendet, da es haltbarer als übliches Papier ist. Wasserzeichen, glänzende Sicherheitsfäden oder Hologramme – das sind dreidimensional wirkende Bilder – werden bereits eingearbeitet.

2. In Abstimmung mit der jeweiligen Zentralbank entwirft eine Künstlerin oder ein Künstler das Motiv am Computer. Das Design ist in der Regel sehr kompliziert, mit vielen Details und feinen Linien.

3. Das Motiv wird seitenverkehrt auf Druckplatten aus Metall oder Kunststoff übertragen. Das erledigen leistungsstarke Computer und Maschinen. Für die verschiedenen Elemente wie Farbwechsel oder fühlbar hervortretende Stellen werden unterschiedliche Druckplatten erstellt.

Diese Spezialfolie enthält Elemente, die die Banknoten fälschungssicher machen.

4. Die Druckplatten werden in die verschiedenen Druckmaschinen eingebaut. Mehrere Drucktechniken wie Stichtiefdruck, Offsetdruck und Siebdruck sowie verschiedene Prägetechniken kommen zum Einsatz.

5. Die Platten werden mit spezieller Farbe bestrichen, bevor die Papierbögen die verschiedenen Maschinen durchlaufen.

Hier werden die Banknoten nummeriert. Jede Seriennummer gibt es nur einmal.

Die Seriennummer gibt an, welche Nationalbank den Schein drucken ließ.

6. Nun erfolgt der eigentliche Druck. Eingearbeitet werden auch Sicherheitsmerkmale. Das können feine Erhöhungen, Farben, die sich je nach Lichteinfall verändern, glänzende Folien, kleine Fenster, 3-D-Effekte oder sogar scheinbare Bewegungen im Bild sein.

7. Die Geldscheine werden nummeriert: Die zwölfstellige Seriennummer einer Eurobanknote enthält zum Beispiel die Information, welche der nationalen Zentralbanken in Europa den Schein ausgeben wird, eine zehnstellige Nummer und eine Prüfziffer. Der Plattencode gibt Aufschluss, in welcher Druckerei der Geldschein hergestellt wurde.

8. Am Schluss werden die großen Papierbögen auseinandergeschnitten. Die einzelnen Scheine werden gestapelt und in Geldpäckchen verpackt. Nun sind sie bereit für den Versand.

Der Euro kommt!

Sitz der Europäischen Zentralbank (EZB) ist seit 2014 dieser moderne Neubau in Frankfurt am Main. Sie wacht über die Stabilität des Euro.

Im Jahr 1999 wurde in einigen Ländern Europas der Euro eingeführt; zunächst nur als Buchgeld, also als reine Rechengröße. 2002 kamen dann die Münzen und Scheine und die alten Nationalwährungen wie D-Mark, Franc und Lira wurden eingezogen. Eine D-Mark zum Beispiel wurde in 0,51 Euro, also in 51 Cent umgetauscht.

Wer alles mitmacht

Zunächst waren elf Länder beteiligt, nämlich Belgien, Deutschland, Finnland, Frankreich, Irland, Italien, Luxemburg, die Niederlande, Österreich, Portugal und Spanien. In den folgenden Jahren kamen Griechenland, Slowenien, Malta, Zypern, die Slowakei, Estland, Lettland, Litauen und Kroatien hinzu. Damit wird derzeit in 20 Ländern mit dem Euro bezahlt.

Der Euro in der Welt

Außer den 20 Euroländern benutzen auch einige kleinere Staaten den Euro: Andorra, Monaco, San Marino und Vatikanstadt, ferner Montenegro und der Kosovo. Die Währung gilt sogar in Gebieten, die fernab vom europäischen Kontinent liegen, etwa auf der Antilleninsel Saint-Barthélemy nördlich von Venezuela oder der Insel Mayotte im Indischen Ozean. Beide Inseln gehören zu Frankreich.

Die zwölf Sterne der Europaflagge stehen für Einheit, Solidarität und Harmonie.

Eurosymbol

Wie es dazu kam

Im Vergleich zu den USA oder Russland sind die einzelnen europäischen Länder klein. Daher gab es in Europa schon länger die Idee, enger zusammenzuarbeiten. 1957 gründeten sechs Länder die Europäische Wirtschaftsgemeinschaft, genannt EWG. Später wurde sie in Europäische Gemeinschaft umbenannt, kurz EG. Ziele der EG waren unter anderem offene Grenzen, die Verbesserung von Handel und Landwirtschaft – und eine einheitliche Währung. Im Vertrag von Maastricht wurde dann 1992 die Gründung der Europäischen Union beschlossen, genannt EU. 28 Mitgliedstaaten vereinbarten, politisch enger zusammenzuarbeiten. Die EU ist für alles zuständig, was den Euro angeht – auch wenn nicht alle Mitgliedstaaten die gemeinsame Währung eingeführt haben.

Die Münzen sind sehr unterschiedlich. Manche bestehen aus Eisen mit Kupfermantel, andere aus einer goldfarbenen Metallmischung. Jede Münze hat zudem einen anderen Rand.

Ausgeklügelt: die Münzen

Die Menschen in allen beteiligten Ländern sollen den Euro als ihr Geld empfinden. Dafür haben sich die Gestalter der neuen Währung Folgendes ausgedacht: Bei den Münzen sind die Vorderseiten, die den Geldwert angeben, in jedem Land gleich. Sie alle zeigen

In der ersten Eurobanknotenserie wurden Scheine im Wert von 5 bis 500 Euro ausgegeben.

Sondermünze

Zu den Olympischen Sommerspielen in Athen 2004 erschien diese 2-Euro-Gedenkmünze mit Diskuswerfer und olympischen Ringen.

Angeberwissen

- Sogenannte Bimetall- oder Duplex-Münzen bestehen aus zwei verschiedenfarbigen Metallen. Sie wurden in den 1970er-Jahren eingeführt und gelten als sehr fälschungssicher.
- Vorläufer der 1- und 2-Euro-Duplex-Münzen waren das italienische 500-Lira-Stück und das österreichische 50-Schilling-Stück.

zwölf Sterne als Symbol für Europa und die Umrisse der Europäischen Union. Die Rückseiten dagegen sehen in jedem Land anders aus. So hat weiterhin jedes Land seine eigenen Münzen. Diese gelten aber in der ganzen Eurozone. Alle 15 Jahre darf die Gestaltung der Länderseiten geändert werden. Ausnahmen sind Regierungswechsel und 2-Euro-Gedenkmünzen.

Die Euroscheine

Die farbigen Banknoten sind in allen Euroländern gleich. Sie zeigen auf der Vorderseite Fenster und auf der Rückseite Brücken als Zeichen dafür, dass Europa offen ist und zusammenwächst. Es handelt sich allerdings nicht um wirkliche Bauwerke. Die dargestellte Architektur vertritt die Baustile verschiedener Epochen, die in ganz Europa verbreitet sind: von der Antike über Gotik und Barock bis zur modernen Architektur.

Wo kommen die Münzen und Scheine her?

Den Druck der Geldscheine organisiert die Europäische Zentralbank. Sie beauftragt Druckereien in verschiedenen Ländern; eine vorher festgelegte Zentralbank aus einem der Euroländer gibt die Scheine dann aus. In Deutschland stellen die Bundesdruckerei in Berlin und Giesecke & Devrient in Leipzig Eurobanknoten her. Die Münzen werden jeweils im eigenen Land geprägt. In Deutschland gibt es fünf Münzstätten: die Staatliche Münze Berlin, die Hamburgische Münze in Hamburg, die Staatlichen Münzen in Stuttgart und Karlsruhe sowie das Bayerische Hauptmünzamt in München. Jede Münzstätte prägt ihr eigenes Zeichen auf der Münzrückseite ein. Eine Münze mit einem A kommt beispielsweise aus Berlin, ein J hingegen steht für Hamburg.

Schon gewusst?

Viele sammeln sie in großen Gläsern, in anderen Ländern sind sie längst abgeschafft: die kupferfarbenen 1- und 2-Cent-Münzen. Finnland, die Niederlande und Irland verzichten auf das ganz kleine Geld. Preise wie 9,99 € gibt es dort nicht – oder sie werden aufgerundet.

Gemeinsame Vorderseite

1 Euro

2 Euro

Unterschiedliche Rückseiten

Österreich

Deutschland

Griechenland

Litauen

Finnland

Italien

Münzmotive von links nach rechts: W. A. Mozart, Bundesadler, antike Drachmenmünze mit Eule, Staatswappen Litauens, Schwäne über Seenlandschaft, Dichter Dante Alighieri

Seit 2013 erschienen die Banknoten Schein für Schein in überarbeiteter Fassung. Der 500-Euro-Schein wird in dieser sogenannten Europa-Serie nicht mehr gedruckt.

Diebe, Fälscher, Trickbetrüger

Langfinger auf Beutezug: Ob er wohl erwischt wird?

Antike Fälschung

Abplatzungen und Rost verraten es: Dieser Solidus des 4. Jahrhunderts besteht nicht aus reinem Gold.

Aufgepasst!

Länder und Sterne sind ungenau wiedergegeben, das Material anders als beim Original.

Euroblüten

Man muss genau hinsehen, um diese gefälschten Banknoten als Falschgeld zu erkennen.

Seit es Geld gibt, gibt es auch Falschgeld, Geldraub und Betrug. Menschen mit krimineller Energie waren stets unglaublich einfallsreich, wenn es darum ging, an das Geld anderer Leute zu kommen. Ihre Methoden haben sie immer der neuesten Technik angepasst.

Frühe Idee: Münzfälschung

Gold- und Silbermünzen wurden seit der Antike am Rand beschnitten. Oder sie wurden gefälscht: Man stellte Münzen aus minderwertigem Metall her, die das Original so gut wie möglich nachahmten. Münzbetrüger zur Zeit des Dreißigjährigen Krieges (1618–1648) nannte man Kipper und Wipper. Mithilfe einer Waage, auch Wippe genannt, sortierten sie schlechte Münzen mit wenig Edelmetallgehalt und gute Münzen auseinander. Die guten Münzen schmolzen sie ein, das nannte man kippen, und prägten aus ihnen durch Beimischung von Kupfer weitere schlechte Münzen.

Falsches Münzgeld heute

Auch heute werden Münzen immer wieder gefälscht. Im Falle des Euro kommt auf 100 000 echte Münzen eine gefälschte. Besonders häufig trifft es dabei die 2-Euro-Münzen. Allein in Deutschland werden pro Jahr über 50 000 gefälschte Münzen entdeckt. Deshalb werden die Sicherheitsstandards ständig verbessert.

Banknotenfälscher

Früher stand auf nahezu jedem Geldschein, dass es bei Strafe verboten ist, ihn zu fälschen. Dennoch wurde und wird immer wieder versucht, sogenannte Blüten herzustellen. Viele Fälschungen sind so gut gemacht, dass man sie nur als Spezialist erkennt. Früher mussten Fälscher handwerklich begabte Grafiker sein, heutzutage nutzen sie modernste Computertechnik. Deshalb haben Farbkopierer, Scanner und Bildbearbeitungsprogramme einen Schutzmechanismus, der Banknoten erkennt. Diese Geräte weigern sich dann, die Geldscheine zu bearbeiten.

Sicherheitsmerkmale

In Banknoten sind zudem sogenannte Sicherheitsmerkmale eingebaut. Über 50 davon schützen etwa die Euroscheine davor, gefälscht zu werden. Einige sieht man sofort, viele sind versteckt – und wieder andere geheim. Man unterscheidet optische, also sichtbare Merkmale und haptische, also solche, die man fühlen kann. Profis prüfen Banknoten so: Sie fühlen, betrachten und kippen einen Schein, um unter schräg einfallendem Licht auch versteckte Merkmale zu erkennen. So lassen sich Fälschungen entlarven. An vielen Kassen stehen heutzutage Geräte, mit deren Hilfe die Angestellten die Echtheit eines Scheins überprüfen können.

Spektakuläre Banküberfälle

Auch Banken verbessern ständig ihre Sicherheitsmaßnahmen, weil Räuber stets neue Pläne aushecken, um ihnen Geld zu entwenden. Unter anderem gibt es Kameras, versteckte Notfallknöpfe und Farbpäckchen, die gestohlenes Geld wertlos machen. Unzählige Filme schildern jedoch die raffinierten Methoden echter oder erfundener Bankräuber. Ein besonders lohnender Überfall fand 2006 in Großbritannien statt: Räuber räumten das Depot einer Sicherheitsfirma aus und erbeuteten 52 Millionen Pfund, umgerechnet gut 78 Millionen Euro! Über die Hälfte davon ist bis heute verschwunden. Doch nicht nur Banknoten haben die Gauner im Visier: 2007 stahlen Diebe im belgischen Antwerpen aus einer Bank Edelsteine im Wert von 21 Millionen Euro.

Was ist Geldwäsche?

Illegal erworbenes Geld, das etwa aus Raub, Betrug oder Drogenhandel stammt, kann nicht einfach ausgegeben werden. Denn die Banknoten sind ja nummeriert und daher nachverfolgbar. Kriminelle versuchen daher, ihr Geld zu waschen, also in unauffälliges Geld umzutauschen. Dafür zahlen sie es zum Beispiel auf Bankkonten im Ausland ein, gründen Scheinfirmen oder stecken das Geld in Sportwetten. Natürlich ist Geldwäsche verboten.

Bankraub digital

Heute finden Banküberfälle auch am Computer statt: Die Diebe knacken Datenbanken und kopieren Daten und Geheimzahlen. Damit nehmen sie dann Überweisungen vor. Auf diese Weise hat 2013 ein international vernetzter Ring von Dieben über 40 Millionen Euro erbeutet. Gemein sind auch Phishing-Mails: Diebe schreiben E-Mails an Bankkunden, die als E-Mails der Bank getarnt sind, und fragen Sicherheitsdaten ab. Oder sie bringen an Geldautomaten Geräte an, mit denen sie sämtliche Daten ablesen können, die auf einer EC-Karte gespeichert sind. Mit kleinen Kameras spähen sie die Geheimzahl aus und fertigen dann Kopien der EC-Karte an. Deshalb sollte man wachsam sein, wenn man Geldkarten benutzt und sich immer vergewissern, dass niemand beim Eintippen der Geheimzahl zusieht.

Rekord

Umgerechnet **8,3 Mio.** *Euro wurden 1995 beim größten Banküberfall Deutschlands gestohlen – durch einen selbst gegrabenen Tunnel!*

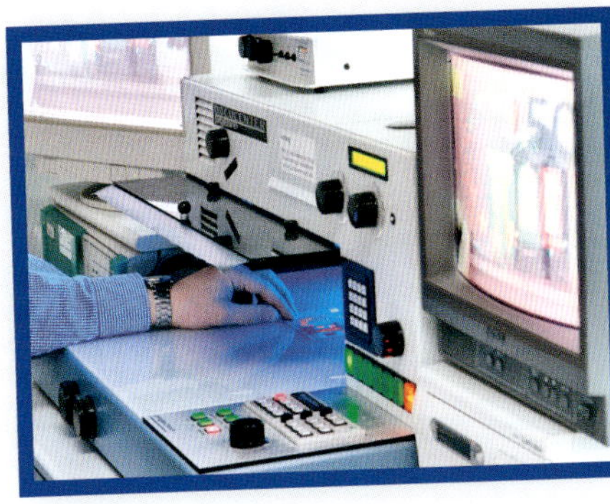

In speziellen Prüfgeräten können auch unsichtbare Sicherheitsmerkmale überprüft werden.

Sicherheitsmerkmale:

Sicherheitsfaden

Ein ins Papier eingearbeiteter dunkler Streifen. Er enthält weitere Elemente: den Wert des Scheins und das Eurosymbol.

Relief

Die Farbe wird so aufgebracht, dass man feine Erhebungen fühlen kann – am Rand, beim Hauptmotiv und der großen Wertzahl.

Hologrammstreifen

Wenn man den Schein kippt, werden kleine Bilder und Zeichen im silbernen Folienstreifen sichtbar: der Wert des Scheins und das Eurozeichen, ein Porträt der Europa und das Hauptmotiv des Scheins, umgeben von schillernden Farben.

Wasserzeichen

Hält man den Schein gegen das Licht, erscheinen Elemente, die man sonst nicht sieht. Hier sind es der Kopf der Europa und der Wert des Geldscheins.

Mikroschrift

Hier und an weiteren Stellen ist winzige Schrift eingearbeitet, die man fast nur unter einer Lupe erkennen kann.

Smaragdzahl

Kippt man den Schein, ändert die Zahl ihre Farbe von Grün zu Blau. Es wirkt zudem, als würde ein Lichtstreifen über die Zahl wandern.

Farbverläufe

Die Farben gehen in komplizierter Weise ineinander über.

Anti-Kopier-Raster

Die Bilder sind so fein gedruckt, dass ein Kopiergerät sie nicht ebenso fein wiedergeben kann.

Unsichtbar

Nur mit Hilfsmitteln erkennbar: fluoreszierende Farbe, Infrarotfarbe, magnetische Elemente, digitales Wasserzeichen und sogenannte Omron-Ringe.

NFC

Near Field Communication macht's möglich: Einfach Handy mit entsprechender App an ein Kassenlesegerät halten – piep –, bezahlt.

Wege in die Zukunft

Bargeldloses Bezahlen, Onlinebanking und Mobilebanking sind längst Alltag. Es gibt verschiedene Arten von Geldkarten und zunehmend auch die Möglichkeit, mit dem Handy zu bezahlen.

Im Laden digital zahlen

Für das bargeldlose Bezahlen braucht man bislang eine Plastikkarte einer Bank mit Magnetstreifen und Speicherchip. Die Informationen werden von einem Lesegerät eingelesen; anschließend gibt man entweder seine Geheimzahl, auch PIN genannt, ein oder man unterschreibt. Neuere Technik funktioniert ganz ohne Kontakt, PIN und Unterschrift: Daten zur Bezahlung werden kabellos direkt vom Mobiltelefon übertragen. Aus Gründen der Sicherheit funktioniert das nur bei kleinen Abständen. Daher heißt diese Technik NFC, Near Field Communication, Nahfeldkommunikation.

Schon gewusst?

In den USA und in den skandinavischen Ländern nehmen viele Menschen gar kein Bargeld mehr in die Hand, sondern erledigen auch kleine Zahlungen, etwa beim Bäcker, digital.

Risiko und Sicherheit

Fans der kontaktlosen Zahlweise NFC loben, dass sie schnell und unkompliziert, modern und sauber ist. An den Kassen geht das Bezahlen deutlich schneller. Aber was, wenn das Handy runterfällt oder gestohlen wird? Wenn es eine technische Störung gibt oder der Strom ausfällt, stehen auch alle blöd da. Und über die Sicherheit des kontaktlosen Zahlens wird noch diskutiert.

Online shoppen

Nahezu alles kann man heute im Internet kaufen und bargeldlos bezahlen. Als besonders sicher gelten Überweisungen. Für den Bankeinzug teilt man dem Verkäufer die eigene Kontonummer mit und er darf genau den Betrag abbuchen, für den man bei ihm eingekauft hat. Wer online mit der Kreditkarte bezahlt, muss dafür die Nummer der Karte eingeben – im Internet nicht ganz ungefährlich! Sehr verbreitet sind auch Bezahlsysteme wie Paypal oder Paydirekt. Dabei gewährt der Kunde dem System Zugriff auf das eigene Girokonto und das System regelt mit dem Verkäufer direkt die Bezahlung. Das geht schnell, aber man muss dafür viele Daten preisgeben.

Clouds und mobile Wallets

Banken und die Hersteller von Geldkarten arbeiten an verbesserten Techniken für das schnelle bargeldlose Bezahlen. Es gibt sogar eigene Unternehmen, die auf Finanztechnologie, genannt FinTech, spezialisiert sind. Bereits heute existieren digitale Wolken als Speicherorte von Daten, Clouds genannt, und digitale Brieftaschen, Wallets. Anwendung finden sie zum Beispiel bei der unkomplizierten Bezahlung im Laden über

Litecoin und Co

Neben dem Bitcoin gibt es weitere Kryptowährungen, etwa Ethereum, Ripple, Litecoin, Dogecoin oder Peercoin.

Unglaublich!

Eine von vielen Ideen dazu, wie eine Welt ohne Bargeld und ohne Schulden funktionieren könnte, ist eine Strom-Währung. Wer Strom – möglichst aus Sonnen- oder Windenergie – ins allgemeine Netz einspeist, bekommt dafür ein Guthaben. Auf diese Weise erworbener Reichtum würde allen nützen!

eine App auf dem Handy. Wichtig sind immer die Punkte des schnellen Funktionierens, der Sicherheit und der Überprüfbarkeit: Natürlich soll niemand Geld ausgeben können, das ihm nicht gehört.

Die erste digitale Währung

Seit 2009 gibt es den Bitcoin. Erfunden wurde diese Internetwährung von einer Person oder Gruppe, die sich Satoshi Nakamoto nennt. Der Bitcoin funktioniert wie jede Währung durch Vertrauen: Nur durch gemeinsame Vereinbarungen aller Nutzer wird der Bitcoin zum Geld. Geschaffen und überwacht werden Bitcoins von Teilnehmern des Bitcoin-Netzwerks. Es gibt also keine zentrale Stelle, die die Kontrolle hat; herkömmliches Geld dagegen wird stets von einer Zentralbank überwacht. Alle Nutzer tragen Verantwortung und Risiken mit. Jeder von ihnen hat ein Guthaben in seiner digitalen Geldbörse, der Wallet. Bezahlt werden mit Bitcoins vor allem Käufe im Internet. Manche nutzen sie auch als Wertanlage. In Deutschland ist der Bitcoin derzeit nur als Recheneinheit zugelassen. Als Zahlungsmittel, das jeder annehmen muss, gilt er nicht. Weil er anonym und mit verschlüsselten Informationen arbeitet, wird der Bitcoin als Kryptowährung bezeichnet.

Eine Zukunft ohne Bargeld?

Längst wird über die Abschaffung des Bargeldes diskutiert: Wozu mit großem Aufwand Papiergeld drucken und Münzgeld prägen, wenn man Zahlungen auch digital erledigen kann? Argumente dagegen sind mögliche Softwarefehler, technische Probleme und Stromausfälle. Abgesehen von Kryptowährungen wäre jeder Einkauf eines Menschen von Geschäften und vom Staat kontrollierbar, die Menschen würden zu gläsernen Kunden. Kinder könnten nicht mehr für ein paar Münzen Süßigkeiten kaufen gehen. Und viele schöne Handlungen und Gewohnheiten würden wegfallen: Das Zustecken von Geld durch die Großeltern, das Trinkgeld für den Kellner, das man einfach auf dem Tisch liegen lässt, oder das Kleingeld für den Straßenmusikanten. Für Entscheidungen würde keine Münze mehr geworfen – und Sparschweine blieben leer.

Sieht so die Zukunft aus? Omi müht sich mit einer digitalen Spardose ab. Mit Münzen war das noch viel einfacher!

Bitcoin-Münze

Ein Bitcoin zum Anfassen? Das passt eigentlich nicht. Meist tragen die Münzen einen Code, den man online eingeben kann, um das jeweilige Guthaben zu erhalten – oder sie sind Sammlerstücke.

Glossar

Die 500-Yen-Münze ist neben der Schweizer 5-Franken-Münze das wertvollste Geldstück im Umlauf.

Aktie: Urkunde über einen in Geld messbaren Anteil an einem Unternehmen, also ein Wertpapier.

Anleihe: Geldanlage, bei der man einem Unternehmen Geld leiht und dafür Zinsen erhält.

Banknote: Geldschein, der im Auftrag einer bestimmten Bank gedruckt wurde.

Börse: Früher ein Ort, an dem Kaufleute Handel betrieben. Heute Ort des Handels mit Wertpapieren.

Brakteat: Dünne Silbermünze, die nur einseitig geprägt ist. Kam besonders häufig im 12. Jahrhundert vor. Auch Hohlpfennig genannt.

Buchgeld: Geld auf einem Konto. Es ist eine reine Rechengröße und wird auch virtuelles Geld oder immaterielles Geld genannt.

Girokonto: Bankkonto, das nicht zum Sparen benutzt wird, sondern für häufige Geldeinzahlungen und Geldabbuchungen.

Hacksilber: Geldform, die bis zum 12. Jahrhundert in Skandinavien und südlich der Ostsee üblich war: Silbermünzen oder Schmuck wurden zerhackt und gewogen. Man bezahlte nach Gewicht.

Inflation: Die Dinge, die es zu kaufen gibt, werden immer teurer, während das Geld immer weniger wert ist. Man kann sich von seinem Geld also immer weniger leisten.

Kredit: Bezeichnung für geliehenes Geld. Meist verlangt der Kreditgeber von dem, der sich Geld leiht, Zinsen.

Kryptowährung: Digitale Währung, die mit verschlüsselten Informationen arbeitet, etwa der Bitcoin; griechisch »kryptós« bedeutet »geheim«.

Mark: Die Währung Deutschlands von 1871–2001. Ab 1948 gab es im Westen die D-Mark und im Osten die Mark; nach der Wiedervereinigung galt 1990–2001 die D-Mark.

Medaille: Ein rundes, geprägtes Metallstück, das künstlerisch gestaltet wurde. Es dient rein zur Erinnerung und zum Sammeln.

Münzfuß: Er bezeichnet die Menge an Münzen, die aus einem bestimmten Gewicht eines Metalls geschlagen werden durfte.

Naturalgeld: Geld aus Naturgegenständen oder Tieren, also zum Beispiel Kaurischnecken, Perlen, Bernstein, Federn, Salz oder Tee.

Near Field Communication (NFC): Technik des bargeldlosen Bezahlens, bei der Daten ohne Kabel direkt vom Handy auf ein Kassenlesegerät übertragen werden.

Scheck: Ein Wertpapier, ausgestellt für eine bestimmte Person. Der Aussteller weist seine Bank an, einen festen Betrag von seinem Konto an die genannte Person auszuzahlen.

Sicherheitsmerkmale: Elemente, die in Banknoten eingearbeitet werden, damit diese nicht gefälscht werden können.

Substrat: Material, auf dem Banknoten gedruckt werden. Häufig besteht es aus Baumwolle und Polyester.

Taler: Wichtigste große Silbermünze ab 1516, benannt nach der böhmischen Stadt Joachimsthal.

Währung: Das Geldwesen eines Staates, also die Ordnung der Geldscheine und Münzen.

Wallet: Englisches Wort für Geldbeutel. Im digitalen Geldverkehr Bezeichnung für virtuelles Guthaben.

Wechsel: Schuldschein und damit Vorläufer des Schecks. Durch ihn mussten die Kaufleute kein Geld auf Reisen schicken.

Zinsen: Betrag, den ein Schuldner dem Geldgeber dafür zahlt, dass dieser ihm Geld leiht. Banken zahlen zudem oft Zinsen auf das Geld, das auf Konten bei ihnen liegt. Meist sind Zinsen ein prozentualer Anteil des geliehenen oder bei der Bank liegenden Geldes.

WAS IST WAS Band 78

Bildquellennachweis: **akg-images:** 14ol (CDA/Guillot), 14um (Album), 18or (Rabatti-Domingie), 25ml (Andreas von Einsiedel), 29ul (De Agostini Picture Lib./G. Nimatallah), 34or (British Library); **Archiv Tessloff:** 2ul, 6or, 10ul, 11or, 11ur, 13mm, 14or, 15or, 25or, 47or; **bpk - Bildagentur für Kunst, Kultur und Geschichte:** 6ul (The Trustees of the British Museum); **Bundesdruckerei GmbH:** 41mr; **Deutsche Bundesbank, Frankfurt a.M.:** 22ml, 23mr, 23or, 23mr, 23ol, 23om, 39mr, 43ul, 44ml, 44ol, 44ul, 45ur, 45mr; **EZB:** 45ul (Reinhold Gerstetter), 45um; **Getty:** 1 (Garry Gay), 9ul (Keren Su), 19um (Hulton Archive), 32ml (De Agostini/G. Dagli Orti), 35ul (Hulton Archive); **Giesecke & Devrient:** 4ol, 4um, 5ur (Firmenhistorisches Archiv, München), 5ur, 5mm, 41ol, 41or, 41ur, 41ul, 41ml, 46ol; **Kreissparkasse Köln:** 8mr (Sammlung Geldgeschichte); **Kreissparkasse, Köln/Sammlung Geldgeschichte:** 12um; **Landesamt für Archäologie Sachsen:** 10ur (U. Wohmann.); **mauritius images:** 43mr (Photos12/Alamy), 43ur (Photos12/Alamy); **Money Museum, Zürich:** 2om, 2ul, 9or, 10ol, 11mm, 15mr, 18mr, 19ur, 21mm, 27or, 34mm, 35ol; **Musée de la Banque nationale de Belgique:** 9ol; **Nature Picture Library:** 9om (Roland Seitre); **picture alliance:** 2mr (Artcolor/Bildarchiv Hansmann), 2ur (Arnold/Eichelmann/Museum für Ur- und Frühgeschichte in Weimar), 3or (akg-images), 3or (Alexander Heinl), 7ur (akg-images/Erich Lessing), 7ul (akg-images), 8o (robertharding), 10ur (akg-images/Erich Lessing), 10ml (picture alliance/CPA Media), 11mr (akg-images/Rabatti - Domingie), 12ur (akg-images/Erich Lessing), 12o (akg-images/Werner Forman), 12ul (Artcolor/Bildarchiv Hansmann), 13ol (akg-images), 13ur (Zentralbild/Waltraud Grubitzsch), 14ul (akg/Bildarchiv Steffens), 14ur (akg-images), 15or (akg-images), 15or (akg-images/Erich Lessing), 15or (akg-images), 15ol (Artcolor), 15mm (United Archives/TopFoto), 15ol (Luisa Ricciarini/Leemage), 15um (akg-images), 16or (CPA Media Co. Ltd), 17ol (Artcolor), 18ur (akg-images), 18ur (akg-images), 19or (©Costa/Leemage), 22ol (akg-images), 22or (akg-images), 23ur (Zentralbild), 24or (akg-images/Rabatti-Domingie), 25mr (Arnold/Eichelmann/Museum für Ur- und Frühgeschichte in Weimar), 25ol (Peter Endig/ZB), 26or (Tbs-Tbs Vision/EPA), 27or (akg-images), 27mr (Marco/Serge Rabatti/Domingie), 28ol (akg-images), 28or (United Archives/DEA PICTURE LIBRARY), 29ur (akg-images), 29o (akg-images), 30o (Nr.3/A. Chederros/photo-nonstop/onoky), 30o (Nr.2/Westend61/Dieter Heinemann), 32ur (akg-images), 33or (epa Lane), 33om (Alexander Heinl), 34um (Photoshot), 35or (IMAGNO/Austrian Archives (S)), 35um (Koch), 35um (Land of Lost Content/Heritage Images), 36om (R. Goldmann), 38ur, 39ol (Eibner-Pressefoto), 40or (KEYSTONE/Martin Ruetschi), 43om (epa Str); **Shutterstock:** 2om (anacarol), 3mr (hddigital), 3ul (telesniuk), 4ul (Per Bengtsson), 5om (ptnphoto), 5or (Abed Sabeh), 6ol (vvoe), 6-7 Hg. (Roberaten), 7om (Dashikka), 7mr (Maridav), 7ol (michelaubryphoto), 8um (eAlisa), 8mm (anacarol), 9ur (tarapong srichaiyos), 18Hg. (Brum), 21ul (arto11), 25um (StudioSmart), 25mm (5), 30o (Africa Studio), 30o (Nr.4/Bignai), 31ul (Vladfoto), 31ol (M.Stasy), 31ur (petovarga), 31ur (aurielaki), 31ul (3dimentii), 31or (Lyudmyla Kharlamova), 31mm (Sashkin), 31ul (cherezoff), 31m (Natykach Nataliia), 32ul (Ivonne Wierink), 32o (Jorg Hackemann), 33ur (Lyudmyla Kharlamova), 33ol (Songquan Deng), 34ol (vvoe), 34om (Seashell World), 35or (MaluStudio), 35ur (Abscent), 35mr (xpixel), 36ul (Serjio74), 36ol (Vladimir Sazonov), 36ml (AGCuesta), 36mr (Fat Jackey), 37ml (Wael Khalill alfuzai), 37mr (Casper1774 Studio), 37ur (hddigital), 37or (Emmoth), 37ul (ppart), 37um (Dipak Shelare), 37mm (Faraways), 37om (rsooll), 38ur (Sashkin), 38or (Marcos Mesa Sam Wordley), 38ul (Serjio74), 39u (ESB Professional), 39ur (Vladimir Wrangel), 39or (Sorin Popa), 40ul (M2K7), 41ul (worker), 42mr (Marian Weyo), 42or (telesniuk), 42ul (Wlad74), 42ur (Elena Crk), 42or (tuulijumala), 43mr (Andrey Lobachev), 43ml (Andrey Lobachev), 43ur (eans), 44ml (Andrey Lobachev), 44or (IvanNikulin), 46ur (123dartist), 47u (Julia Tsokur), 48o (Sakarin Sawasdinaka); **Sol90images:** 26-27u; **Staatliche Münzen Baden-Württemberg:** 40ml, 40mr, 40ur, 40ol; **Staatliche Münzsammlung, München:** 13or, 17ur, 19ol, 20um, 20ul, 20or, 21ol, 21ur (alle Nikolai Kästner); **Stadtmuseum Weilheim i.OB:** 24ml; **Thinkstock:** 30o (Nr.5/pressureUA), 30u (Meinzahn), 33mr (MF3d), 36ol (selensergen), 37ol (Serjio74), 38l (BananaStock); **TLDA, Weimar:** 24ul (Brigitte Stefan); **ullstein bild Axel Springer Syndication GmbH:** 34ur; **Volkswagen AG:** 22ul; **Wikipedia:** 6ur (Rheinisches Landesmuseum Trier/Th. Zühmer/CC-BY-3.0), 12mr (Clemensmarabu/CC-BY-SA-3.0), 15ur (Archäologisches National Museum, Neapel/Berthold Werner), 16mr (Classical Numismatic Group, Inc./www.cngcoins.com/CC-BY-SA-3.0), 16om (Cabinet des Médailles, Paris/PHGCOM/CC-BY-SA-3.0), 16ul (PD/Trémissis de Sigebert II frappé à Viviers (Ardèche)/Leovilok), 17Hg. (PD/Matz Sincken), 17or (PD/Michel Wolgemut, Wilhelm Pleydenwurff), 17mr (KS_aus_F/Historisches Museum Frankfurt/GNU Free Documentation License), 18ol (PD/Michel Wolgemut, Wilhelm Pleydenwurff), 19mr (Classical Numismatic Group, Inc./www.cngcoins.com/CC-BY-SA-3.0), 21ul (PD/Carlomorino), 23um (PD), 24ur (Michael Zock, Bremen/CC-by-sa-3.0), 32ml (Hermann Junghans/CC-BY-SA-3.0), 34ul (Mbzt/www.louvre.fr/CC-BY-3.0), 34mr (Wolfgang Sauber/CC-BY-3.0/Römermuseum Kastell Boiotro), 35mm (PD/Carlomorino)

Umschlagfotos: Shutterstock: U1Hg. (Julia Tsokur), U4 (ESB Professional); **Thinkstock:** U1ur (MarianVejcik)

Burgschmietstraße 2–4, 90419 Nürnberg

qualitaet@tessloff.com, www.tessloff.com,

ISBN 978-3-7886-2105-6

FSC www.fsc.org MIX Papier | Fördert gute Waldnutzung FSC® C002795

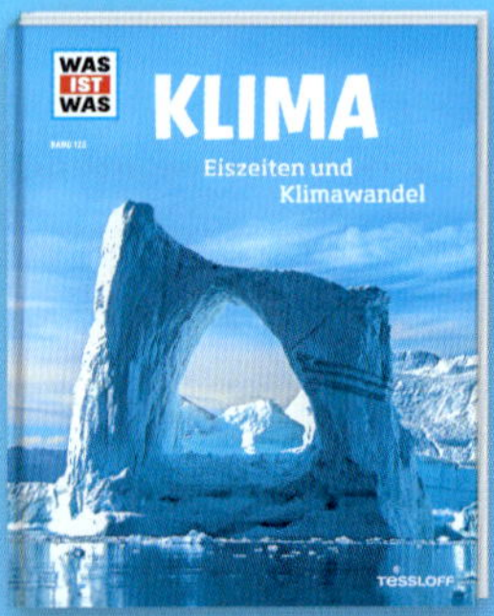

Die Reihe wird fortgesetzt.